BLV
IDEE
PRAXIS

Getreidemühlen

Empfehlungen siehe Seite 18.

1 Salzburger Mühle
2 REVO-Mühle
3 Kaiser-Mühle

Barbara Engelmann
Ernestine und Irene Kohl

Selber backen mit Vollkorn

Brote, Kuchen, Kleingebäck

Zweite, durchgesehene Auflage

BLV Verlagsgesellschaft
München Wien Zürich

CIP-Kurztitelaufnahme der Deutschen
Bibliothek

Engelmann, Barbara:
Selber backen mit Vollkorn:
Brote, Kuchen, Kleingebäck /
Barbara Engelmann;
Ernestine u. Irene Kohl. –
2., durchges. Aufl. – München; Wien; Zürich:
BLV Verlagsgesellschaft, 1985.
   (BLV, Idee & Praxis:
   Essen und genießen; 506)
   ISBN 3-405-12813-7

NE: Kohl, Ernestine:; Kohl, Irene:
BLV, Idee und Praxis /
Essen und genießen

BLV Idee & Praxis
Essen und genießen 506

© 1983 BLV Verlagsgesellschaft mbH,
München 1985

Fotos und Titelfoto: Bernt Engelmann,
München

Satz und Druck: Georg Appl, Wemding
Bindung: Buchbinderei Auer, Donauwörth

Printed in Germany · ISBN 3-405-12813-7

Inhalt

Einführung

Liebe Leserinnen, liebe Leser!

Ihr Interesse an Ernährungsfragen oder speziell am Backen darf sicher vorausgesetzt werden, wenn Sie sich mit diesem Büchlein beschäftigen. Falls Sie es noch nicht sind, hoffen wir, Sie neugierig machen zu können, damit Sie weiterlesen, denn Ihnen gilt unser ernstes Bemühen. Bei vielem, was wir an der Ernährung unserer hochzivilisierten Gesellschaft beklagen können, gibt es doch einen echten Lichtblick: Menschen aller Altersgruppen – in besonderem Maß aber aus der jüngeren Generation – sind hellhörig geworden und besten Willens, ihr eigenes »Ernährungsschicksal« selbst zu bestimmen, indem sie in aufgeschlossener, kritischer Haltung an diese wirklich schicksalhafte Frage herangehen. Da oft aber die nötige Erfahrung und das »Gewußt wie« fehlen und manchmal auch Mißerfolge das Interesse erlahmen lassen, haben wir unsere zum Teil langjährigen Erfahrungen für Sie hier zusammengefaßt.

Alle Rezepte, die Sie nachfolgend finden werden, sind »wahr«, weil von uns erprobt. Die Abbildungen, die nicht im Studio, sondern in der eigenen Küche mit ganz normalen technischen Möglichkeiten entstanden sind, belegen unsere Arbeitsweise und zeigen nur selbstgebackene Produkte.

Beim Brotbacken wurde besonderer Wert gelegt auf seit Jahrzehnten bewährte Zusammensetzungen und erfolgreiche Verfahren. Bei Kuchen, Torten und Kleingebäck hat uns die Freude am Genießen, am Fein-Schmecken mit der Zunge und mit den Augen zu dieser Auswahl inspiriert. Familienmitglieder, Freunde und Bekannte haben alles »geschmeckt« (getestet) und ihr kritisches Urteil abgegeben.

So sind wir zuversichtlich, daß es uns gelingen wird, Sie in Ihrem Bestreben nach gesunder und wohlschmeckender Ernährung zu unterstützen und mit neuen Erkenntnissen für die Praxis auszurüsten. Denn dem »Selbermachen« liegt ein tiefer Sinn zugrunde: Eigenverantwortung zu übernehmen, unabhängig zu werden vom Massenprodukt und eine höhere Qualität des Bewußtwerdens und des Tuns anzustreben. Dazu wünschen wir Ihnen viel Erfolg und Freude.

Unseren herzlichen Dank möchten wir an dieser Stelle Herrn Bäckermeister Fritz König, Miesbach, aussprechen, der uns uneigennützig – stets im Dienst der guten Sache – seine Unterstützung und Förderung angedeihen ließ.

Barbara Engelmann
Ernestine und
Irene Kohl

Abkürzungen

EL	Eßlöffel	l	Liter
TL	Teelöffel	P	Päckchen
g	Gramm	Msp	Messerspitze

Über die Vollkornbäckerei

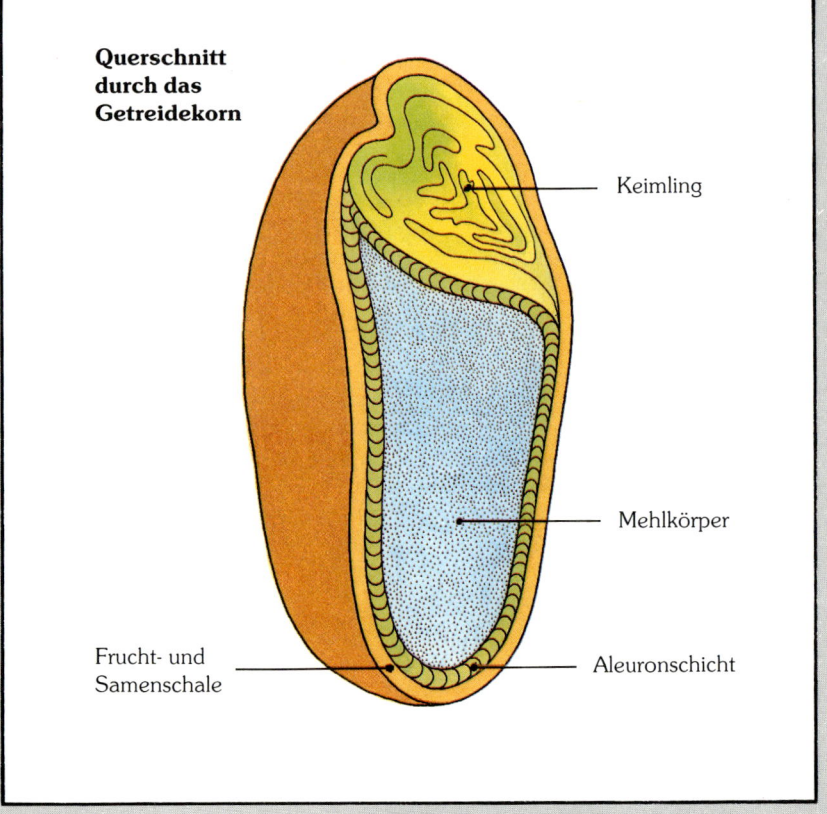

Querschnitt durch das Getreidekorn

Keimling

Mehlkörper

Frucht- und Samenschale

Aleuronschicht

Über die Vollkornbäckerei

Getreidearten

Roggen ist seit Jahrhunderten das Brotgetreide der Völker nördlich der Alpen. Er gedeiht in rauherem Klima auf eher magerem Boden. In seiner Vitamine tragenden Rindenschicht finden sich neben den wertvollen Ballaststoffen lebenswichtige Spurenelemente wie Bor, Mangan, Molybdän, Zink, Vanadium und andere. Besonders reich ist er an Phosphor, Kalium und Eisen. Der Mehlkörper enthält neben Stärke, die nur durch Säure aufgeschlossen werden kann, auch Klebereiweiß. Der Keimling ist reich mit Vitaminen ausgestattet. Aus Roggenmehl und -schrot läßt sich hochwertiges Brot herstellen. Von Natur aus schwerer verdaulich als Weizen, empfiehlt es sich, den Roggen möglichst fein zu mahlen oder ihn zum Brotbacken mit Weizen zu vermischen.

Weizen gedeiht in allen Klimazonen der Erde auf guten Böden und ist soweit das wichtigste Getreide überhaupt. *Hartweizen,* der vorwiegend in Kanada und Nordamerika angebaut wird, ist sehr kleberreich und findet Verwendung zur Herstellung feiner Auszugsmehle für Teigwaren und Grieß. *Saatweizen,* wie der bei uns wachsende Weizen genannt wird, verfügt ebenfalls über einen hohen Klebergehalt, dem wichtigsten Bestandteil für gute Backfähigkeit.

Dinkel (Dinkelweizen, Spelzweizen, Spelz) ist eine alte Weizenart, die klimatisch nicht so anspruchsvoll wie Weizen ist und in früheren Zeiten häufiger als Weizen angebaut wurde. Der hervorragende Gehalt an Magnesium ist eine typische Eigenschaft des Dinkels. Magnesium wird zur Zellatmung benötigt und fördert so die Sauerstoffaufnahme im Blut. Deshalb wird Dinkel auch oft als Magnesiumweizen bezeichnet. Dinkel, der in der Milchreife geerntet wird, ist als *Grünkern* bekannt und ein in der Diätetik sehr geschätztes Aufbaugetreide.

In den Randschichten die beim Mahlen des Weizenkorns als Kleie anfallen, finden sich viele Spurenelemente, Vitamine, besonders B_1, und Öle, die für den Stoffwechsel von großem Wert sind. Der Keimling ist reich an ungesättigten Fettsäuren, Vitamin E, B_2 und F, einem wichtigen Hautfunktionsstoff. Der Mehlkörper enthält nur wenig Vitamin B und ist durchzogen von einem feinen Netzwerk des Getreideeiweißes, dem Kleber, der die gute Backfähigkeit von Weizenmehl bewirkt. Weizenmehl läßt sich mit Backferment, Sauerteig und mit Hefe zu besonders gut bekömmlichem und auch zu feinem Gebäck verarbeiten.

Gerste ist reich an Mineralstoffen, besonders an Kieselsäure. Da sie wenig Kleber enthält, läßt sich Gerste nicht selbständig verarbeiten. Unter Brotteige aus Weizen- oder Roggenmehl oder unter Mürbteige zu Kleingebäck vermischt, ist sie geschmacksfördernd und wertvoll.

Hafer ist das anspruchsloseste der heimischen Getreide. Er enthält wenig Stärke, dafür wesentlich mehr Fett als alle anderen Getreidearten und ist reich an Vitamin E. Da es ihm auch an Kleber mangelt, läßt sich Hafermehl nur in Mischung mit Weizenmehl gut verbacken. *Haferflocken* können zu Kleingebäck verarbeitet werden, wenn sie vorher eingeweicht wurden.

Korn, Schrot und Mehl: 1 Roggen, 2 Weizen, 3 Dinkel, 4 Hirse, 5 Gerste, 6 Hafer

Über die Vollkornbäckerei

Hirse wurde in früherer Zeit auch in unserem Klima angebaut. Sie ist reich an Mineralstoffen, von denen besonders die Kieselsäure von größter Bedeutung für die Stoffwechselvorgänge im Körper ist. Hirse läßt sich fein schroten oder mahlen und unter Brot- oder Kuchenteige mischen.

Buchweizen stammt aus der Familie der Knöterichgewächse und ist ein wertvoller Mineralstofflieferant. In Notzeiten wurde er auch als Brotgetreide verarbeitet. Als Schrot (Grütze), Mehl oder Grieß läßt er sich in nur kleinen Mengen – wegen seines herben Geschmacks – den Brotteigen zusetzen.

Mehltypen

Getreide, das im Haushalt vermahlen wird, sollte aus biologisch-dynamischem Anbau stammen, um sicherzustellen, daß es weder mit künstlichem Dünger, noch mit chemischen Pflanzenschutzmitteln in Berührung gekommen ist.

Die Zahlen, mit denen Mehltypen gekennzeichnet werden, zeigen ihren Ausmahlungsgrad an. Sie benennen die Menge an Mineralstoffen in Milligramm, die bei der Veraschung von 100 g Mehl als Rest übrig bleiben. Auszugsmehle tragen niedrige, Vollkornmehle die höchsten Typenzahlen.

Selbstvermahlenes Vollkornmehl unterscheidet sich in einem Punkt wesentlich von den Mehltypen 1700 bzw. 1800, die in Naturkostläden und Reformhäusern angeboten werden: Bei diesen Mehltypen wird (nach dem Steinmetzverfahren) den zur Vermahlung gelangenden Körnern vorher die Glashaut (oder Oberhaut) entfernt, was ihren Anteil an Ballaststoffen empfindlich herabsetzt. Da aber den Ballaststoffen in der Ernährung eine wichtige Aufgabe zukommt (Beschleunigung der Verdauungsvorgänge), ist es wichtig, sie zu erhalten.

Folgende Begriffe sind zu klären, um Mißverständnisse auszuschließen:
Pudrig fein vermahlenes Getreide ergibt Vollkorn**mehl**. Der nächste Feinheitsgrad wird als **Grieß** bezeichnet. Darüber liegende Grade von fein bis grob sind als Vollkorn**schrote** zu sehen.

Wesentliches Ziel des Backens mit Vollkorn ist die Verarbeitung des *frisch gemahlenen Mehls*. Da beim Mahlvorgang durch die Vermischung mit dem Luftsauerstoff eine sofortige Oxidation einsetzt, die die Zerstörung wertvoller Enzyme zur Folge hat, sollte Vollkornmehl unmittelbar nach dem Vermahlen, jedenfalls aber so rasch wie möglich, verarbeitet werden. Im Kühlschrank läßt sich Vollkornmehl einige Tage ohne Geschmacksveränderung aufbewahren. Da für feine Teige auch sehr fein gemahlenes Mehl notwendig ist, empfiehlt es sich, die Weizenkörner zuerst zu schroten und dann fein zu mahlen. Das Ergebnis ist überzeugend.

Der *Mahlvorgang* läuft zügiger und auch mit besserem Ergebnis ab, wenn das Getreide gut trocken zum Vermahlen gelangt. Deshalb empfiehlt es sich, die Körner bereits am Vortag entweder auf eine flache Platte zu schütten und an einen warmen Ort zu stellen (Heizung, in der Nähe des Ofens) oder sie vor dem Mahlen im Ofen bei etwa 30 °C 15 Minuten zu darren. Vorgetrocknetes Getreide erhält auch die Mahlsteine der Getreidemühle lange funktionsfähig.

Teiglockerungsmittel

Biologische Triebmittel

Sauerteig ist sicher das älteste, seit Jahrtausenden verwendete Triebmittel zur Herstellung von Brot. Der Gärungs- und Lockerungsprozeß wird durch eine Vielzahl von Bakterienstämmen eingeleitet, von denen die Milchsäurebakterien besondere Aufgaben erfüllen, da Roggenstärke nur durch Säure aufgeschlossen werden kann. Dieser Gärungsprozeß benötigt günstige Umweltfaktoren, wie Nahrung, Wärme, Feuchtigkeit. Da er sich auch bei günstigsten Bedingungen über einen längeren Zeitraum erstreckt, erfordert das Backen mit Sauerteig Zeit und Geduld.

Sauerteig läßt sich trotzdem leicht selbst herstellen, da ein mit Wasser und Mehl angerührter Brei nach dem Stehen bei Zimmertemperatur nach 2–4 Tagen spontan in Gärung übergeht. Dieses Ergebnis wird als Starter für die Brotteigbereitung (Seite 27) benutzt. Sauerteigbrot ist sehr bekömmlich, schmackhaft und lange haltbar.

Spezial-Backferment (Sekowa) nach Hugo Erbe ist ein lange lagerfähiges Granulat, das auf der Grundlage von Getreidemehl, Honig, Salz und Erbsenmehl hergestellt wird. Sein großer Vorzug liegt darin, daß neben Roggen und Weizen auch andere Getreidearten, wie Gerste, Hafer, Mais, Hirse und Reis, zu Broten verbacken werden können.

Die Teigherstellung mit Backferment erfordert – ähnlich wie bei Sauerteig – Zeit und Raumtemperaturen, die bei 25–30°C (mindestens) liegen müssen. Diese Bedingungen lassen sich im normalen Haushalt nicht erreichen und stellen in vielen Fällen eine unüberwindliche Schwierigkeit dar. Deshalb wurde bei den Rezepten auf Backfermentbrote verzichtet.

Hefe ist das typische Triebmittel für Teige aus kleberhaltigem Getreide, wie Weizen und Dinkel. Sie besteht aus Hefe-Pilzen, die bei günstigen Bedingungen (Nahrung, Feuchtigkeit und Wärme) die Stärke im Weizenmehl zu Zucker abbauen und damit eine alkoholische Gärung einleiten, aus der die Teiglockerung resultiert. Hefe ist reich an Vitamin B und damit sehr gesund.

Chemische Triebmittel

Backpulver ist ein typisches Lockerungsmittel für Kuchen und besteht aus kohlensäurehaltigen und kohlensäureaustreibenden Stoffen, die unter dem Einfluß von Hitze und Feuchtigkeit ihre lockernde Wirkung entfalten. In Reformhäusern und Naturkostläden wird Weinsteinbackpulver angeboten, das keine schädlichen Stoffe enthalten soll. Backpulver wird immer, mit Mehl vermischt, zuletzt dem Teig zugesetzt.

Pottasche wird bei der Herstellung von Honig-Flachgebäck verwendet. Es ist ein Kaliumbikarbonat, das unter Einwirkung von Feuchtigkeit, Säure (Honig) und Wärme Kohlendioxid freisetzt und den Teig lockert.

Hirschhornsalz findet auch zur Lockerung von Honigteigen Verwendung. Es ist ein Gemisch aus Ammoniumcarbonat und Ammoniumbicarbonat, das unter Einwirkung von Feuchtigkeit, Säure und Wärme neben Kohlendioxid auch Ammoniak entwickelt. Aus letzterem Grund ist seine Verwendung weniger zu empfehlen.

Fette zum Backen

Der biologische Wert unserer Nahrungsfette ist für die Gesundheit von großer Bedeutung. Natürliches Vorkommen, Naturbelassenheit, niedriger Schmelzpunkt und geschmackliche Qualität spielen bei der wertmäßigen Beurteilung eine wesentliche Rolle.

Butter darf nach der Deutschen Butterverordnung nur aus dem Rahm der Kuhmilch als Süß- oder Sauerrahmbutter hergestellt werden. Sie muß 82% Fett und darf höchstens 16% Wasser enthalten. Daneben enthält sie Reste von Eiweiß, Milchzucker, fettlösliche Vitamine (A, D, E), Mineralstoffe (Calcium, Eisen, Jod). Als reines Naturprodukt ist sie frei von chemischen Zusätzen und besitzt eine hohe geschmackliche Qualität. Ihr Schmelzpunkt liegt bei 28 °C. Nach jahrelangen Verdächtigungen, einen hohen Cholesterinspiegel zu verursachen, ist die Butter inzwischen voll rehabilitiert.

Margarine wird aus raffinierten Pflanzen- und Seetierölen hergestellt, deren ursprüngliche Eigenschaften durch komplizierte chemische Prozesse tiefgreifende Veränderungen erfahren. Mit Hilfe von Emulgatoren, Geschmacks-, Farb- und teilweise auch Konservierungsstoffen wird schließlich eine butterähnliche Struktur erzeugt. Manchen Margarinen werden noch Vitamin A und D zugesetzt, die aber in dieser Form der Gesundheit wenig nützen. Die bei der Margarinewerbung so häufig zitierten »hochungesättigten Fettsäuren« als Faktoren zur Senkung des Cholesterinspiegels werden in Kreisen der Ernährungsforschung und Medizin längst nicht mehr als nur vorteilhaft für die Gesundheit angesehen.

Pflanzenöle, die Vollkornteigen zugesetzt werden, sollten stets in guter Qualität (kaltgeschlagen) Verwendung finden. Zum Herstellen von Schmalzgebäck (auf das in diesem Buch aus wohlerwogenen diätetischen Gründen verzichtet wurde) eignen sich nur Fette oder Öle mit einem hohen Anteil an gesättigten Fettsäuren, wie z.B. Kokosfett.

Zucker und Naturkost

Zucker ist im Sinne des Lebensmittelgesetzes eine Substanz, die aus dem eingedickten Saft von Zuckerrohr und Zuckerrübe gewonnen wird. Unter diesen Begriff fällt weißer und brauner Haushaltszucker (Kristall- und Puderzucker) ebenso wie Kandiszucker. Diese aus ihrer natürlichen Verbindung gelösten »isolierten« und raffinierten Zucker sind im chemischen Sinne Saccharosen, denen beim Herstellungsprozeß Mineralstoffe, Vitamine und Enzyme entzogen wurden. Ihr ernährungsphysiologischer Wert reduziert sich damit auf den eines reinen Kalorienlieferanten (4 kcal oder 17 kj in 1 g Zucker) und eines reinen Süß- und Genußmittels.

Da der Saccharose-Abbau und der Transport in die Blutbahn an komplizierte biochemische Abbauschritte, die in ihrem Verlauf Vitamine und Mineralstoffe benötigen, gebunden ist, werden diese dem Körper entzogen, weil isolierter Zucker sie nicht in den Umwandlungsprozeß einbringen kann. Dieser wichtige Faktor führt bei Konsum von raffiniertem Zucker früher oder später zu ernsten Defiziten im Körper, vor allem zu einem Mangel an Vitamin B_1, und zu Schädigungen von

Über die Vollkornbäckerei

Galle, Leber, Bauchspeicheldrüse sowie zu Ablagerungen in den Blutgefäßen. Zuckerverbrauch jeglicher Art (auch in Form von Honig und Trockenfrüchten) fördert außerdem die Karies. Zu den »isolierten« Zuckern zählen auch alle industriell hergestellten Trauben-, Milch- und Fruchtzucker, da sie im Körper die gleiche Wirkung wie Haushaltszucker erzeugen, indem sie – allein das ist entscheidend – bei der Herstellung aus ihrem natürlichen Verbund gelöst werden.

Die *Naturkost* verfolgt das Ziel, einmal den Zuckerverbrauch drastisch zu reduzieren, zum anderen anstelle von »isoliertem« Zucker natürliche oder weitgehend naturbelassene Süßmittel mit »integralem« Zucker (wie Honig, Dicksaft, Sirup, Trockenfrüchte, mit Ausnahme Zitronat und Orangeat) zu verwenden, damit den Stoffwechsel spürbar zu entlasten und seine Funktionen zu verbessern. Da alle Kohlenhydrate als Energiequelle dienen, ist der Körper nicht auf den Verzehr reinen Zuckers angewiesen. Außerdem stellt sich bei der Ernährung mit Vollkornprodukten sehr rasch ein völlig anderes, neues Süßigkeitsempfinden ein, weil das im frisch vermahlenen Zustand verarbeitete Vollkornmehl bei ausgiebigem Kauen selbst deutlich süß schmeckt. Zum anderen ermöglichen viele zarte Eigenaromen des Vollkornmehls und anderer probater Backzutaten den durch Zuckergenuß abgestumpften Geschmacksnerven bereits nach kurzer Zeit das Fein-Schmecken im wörtlichen Sinne. Und schließlich sichert Vollkorn-Ernährung einen ausgeglichen Vitamin-, Enzym- und Mineralstoffhaushalt, der gelegentliche kleine Übertretungen auch einmal erlaubt.

Süßmittel

Ahornsirup ist ein aus Nordamerika (Ohio) und Kanada stammendes, reines und sehr edles Naturprodukt. Er wird gewonnen aus dem Baumsaft des Zuckerahorns. Ahornsirup enthält 60% Zucker in Form von Naturzucker, Mineralstoffe, wie Kalium, Calcium, Magnesium, Mangan, Phosphor, Eisen und andere. An Vitaminen sind vorhanden B_2, B_5, B_6, daneben Spuren von Aminosäuren. 1 Eßlöffel Ahornsirup enthält mit 40 Kalorien (168 Joule) ungefähr den gleichen Brennwert wie dieselbe Menge Honig. Ahornsirup ist wesentlich teurer als Kristallzucker, dafür aber sparsam im Verbrauch und mit seinem feinen Karamelgeschmack von unvergleichlich edler Süße. Ahornsirup gibt es in flüssiger (light) und cremiger (heavy) Form.

Dicksaft aus Birnen oder Äpfeln wird gewonnen aus Birnen- oder Apfelsaft, der durch Eindicken eine goldrote Farbe und siruppartige Beschaffenheit erlangt. 1 Eßlöffel Birnendicksaft enthält zum Beispiel 69 Kalorien (290 Joule), also Kohlenhydrate in Form von Fruchtzucker, Traubenzucker, Saccharose und andere natürliche Zuckerarten, Mineralstoffe wie Kalium und Vitamine der B-Gruppe.

Honig hat als Süß- und Heilmittel von jeher einen ganz besonders hohen Stellenwert. Nach Art der Gewinnung unterscheidet man

Scheiben- oder Wabenhonig: Er wird mit der »verdeckelten« Wabe angeboten.

Schleuderhonig: Er wird aus der vorher »abgedeckelten« Wabe durch Zentrifugieren herausgeschleudert.

Preßhonig: Er wird aus den Waben herausgepreßt.

Flüssige Süßmittel: 1 Birnendicksaft, 2 Waldhonig, 3 Blütenhonig, 4 Ahornsirup

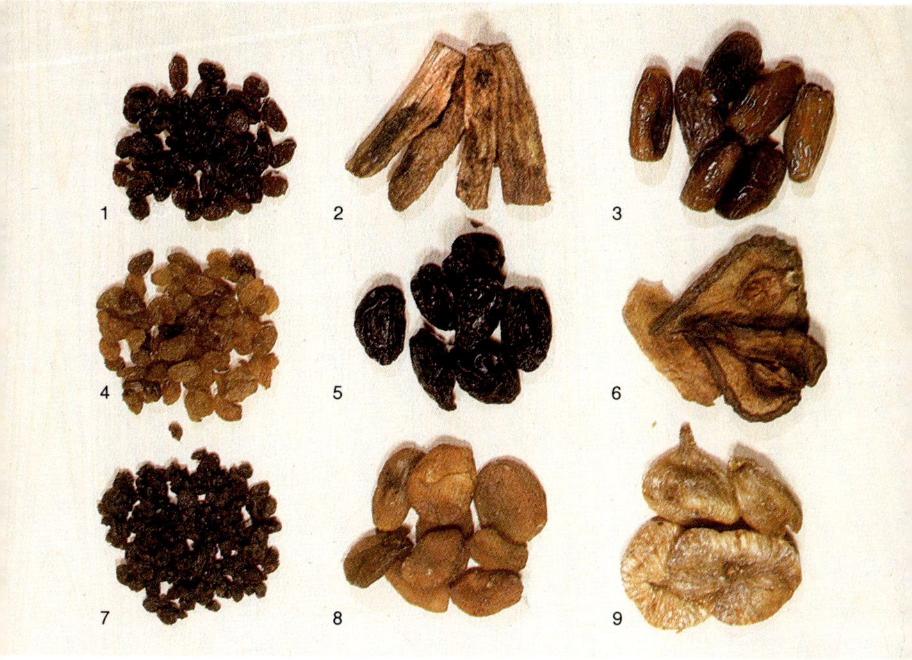

1	2	3
4	5	6
7	8	9

Feste Süßmittel   1 Rosinen   2 Bananen   3 Datteln
                  4 Sultaninen   5 Pflaumen   6 Birnen
                  7 Korinthen   8 Aprikosen   9 Feigen

In 100 g Honig sind enthalten:
  Mehrfachzucker   10,12%
  Traubenzucker   31,28%
  Fruchtzucker   38,19%
  Wasser   17,20%
  Beistoffe   10,12%

Darüber hinaus sind enthalten eine Vielzahl von Mineralien (wie z. B. Kalium, Calcium, Natrium, Magnesium, Phosphorsäure und viele andere), Enzyme, Vitamine (wie B_1, B_2, B_6, Panthothensäure, Ascorbinsäure, Folsäure, Biotin), Säu-

14

ren, Aminosäuren, (Eiweißbausteine) Hormone, Inhibine (bakterienhemmende Stoffe) und etwa 50 Duftstoffe.

Die einzelnen Honigarten weichen in ihrer Zusammensetzung, in Farbe, Geschmack und Qualität zum Teil erheblich voneinander ab:
Waldhonig, aus Honigtau, ist dunkelbernsteinfarbig, kandiert langsam, enthält mehr Kalium und weniger Natrium als *Blütenhonig,* der hellfarbig (weißlich-gelb bis kräftig gelb) ist, rasch kandiert und im Aroma verschieden duften kann – je nachdem, ob er von Linden-, Klee-, Akazienblüten, Löwenzahn, Raps, auch von Orangen- und anderen exotischen Blüten oder von gemischten Wildblüten stammt. Ernährungsphysiologisch ist Honig der beste Zucker-»Ersatz«. Um seinen hohen gesundheitlichen Wert zu erhalten, darf kandierter Honig zum Verflüssigen nur bis 40 °C erwärmt werden, da viele der wertvollen Enzyme nicht hitzestabil sind. Neuere Forschungen weisen den Waldhonig als unempfindlicher gegen höhere Temperaturen (bis 80 °C) aus.

Honigmarzipan ist Rohmarzipan, das mit Honig (statt Zucker) hergestellt wird. Es eignet sich als Süß- und Geschmacksmittel zum Backen und für Konfekt. Es wird vorwiegend in Naturkostläden angeboten. Läßt sich aus feinstgeriebenen Mandeln und Honig selbst herstellen.

Rübenkraut ist der aus Zuckerrüben gewonnene, eingedickte Saft. Er enthält neben verschiedenen Zuckerarten Mineralstoffe und Vitamine der B-Gruppe. Seine dunkle Farbe und sein kräftiger Geschmack machen ihn besonders zur Herstellung von dunklem, würzigem Gebäck geeignet.

Trockenfrüchte – Aprikosen, Bananen, Birnen, Datteln, Feigen, Korinthen, Pflaumen, Rosinen, Sultaninen – besitzen nach ihrer Trocknung (Wasserentzug) viele natürliche Zucker, Mineralstoffe, Vitamine und eine Anzahl spezifischer Duft- und Aromastoffe. Sie können als Süßmittel zur Herstellung von Broten, Kuchen und Kleingebäck sehr gut eingesetzt werden, wobei der Zerkleinerungsgrad bei größeren Früchten eine wesentliche Rolle spielt. Für den Einkauf ist es wichtig, immer naturbelassene, ungeschwefelte Trockenfrüchte zu wählen.

Nüsse und Samen (Schalenobst)

Walnüsse, Haselnüsse, Mandeln und Pistazien, Pecannüsse, Cashewnüsse, Paranüsse, Erdnüsse, Kokosnüsse, Edelkastanien, Muskatnüsse, Sonnenblumen-, Pinien-, Kürbiskerne, Mohn, Sesam und Leinsamen werden unter dem Begriff Schalenobst zusammengefaßt, da sie immer von einer trockenen, häufig aber verholzten Schale umgeben sind und einen eßbaren Kern besitzen. Sie enthalten – je nach Art – unterschiedliche Mengen von hochwertigem pflanzlichem Eiweiß, reichlich Fett, Mineralstoffe, wie Calcium, Phosphor, Eisen, Kohlenhydrate (Stärke, z. B. bei Kastanien), wenig Wasser und viele Aromastoffe. Schalenobst ist durchweg sehr kalorienreich. Es nimmt in der Naturkost eine wichtige Stellung ein und birgt dennoch einige bedeutende Risikofaktoren, nämlich die Aflatoxine.

Aflatoxine sind Stoffwechselgifte der Schimmelpilze mit hoch krebserregenden Substanzen. Folgende Produkte sind

1 Pecannüsse   2 Walnüsse   3 Pistazien
4 Mandeln   5 Cashewnüsse   6 Haselnüsse

besonders Aflatoxin-gefährdet: Geschälte Erdnüsse, Erdnußöl und -butter, gemahlene, in Tüten verpackte Mandeln, Mandelblättchen, -splitter, gemahlene Haselnüsse, Paranüsse, Knabberzeug aus Erdnüssen.

Mandeln und Nüsse verleihen dem Gebäck sowohl geschält als auch ungeschält, fein vermahlen, gehackt, gestiftet oder halbiert Wohlgeschmack und gefälliges Aussehen.

Pistazien (und Pinienkerne = Pignoli) dienen vorwiegend »Verschönerungszwecken«, vor allem bei dunklem Kleingebäck, Kuchen und Torten.

Mohn, der häufig zum Füllen verwendet wird, muß vor der Verarbeitung gemahlen (gequetscht), in Flüssigkeit aufgekocht und gequollen werden. Zum Bestreuen von Brot und Brötchen wird er im ganzen verwendet.

Leinsamen, der hochungesättigte Fettsäuren enthält, wird in gemahlenem oder vorgequollenem Zustand (Einweichen in kaltem Wasser für 30 Minuten genügt) unter den fertigen Teig von Brot oder Brötchen gemischt.

Kürbiskerne werden vorzugsweise unter den Teig für Stangenbrot gearbeitet oder auf die ausgeformten Stangen gestreut.

Sesam, der in ungeschälter oder geschälter Form Verwendung findet, ist zum Bestreuen von Brötchen und Semmeln und für pikantes Kleingebäck eine sehr schmackhafte Zutat. Geschälter, gemahlener Sesam, mit Meersalz verrieben, ergibt eine schmackhafte Würzpaste (Gomasio).

Sonnenblumenkerne lassen sich grob gehackt oder ganz unter Laib- und Stangenbrote mischen, machen das Brot aber schwerer verdaulich.

1 Koriander	2 Zimt	3 Nelken	4 Kümmel
5 Pistazien	6 Vanilleschote	7 Sesam	8 Leinsamen
9 Pignoli (Pinienkerne)	10 Kürbiskerne	11 Sonnenblumenkerne	12 Mohn

Gewürze und Aromen

Brot aus Vollkornmehl von Roggen und Weizen verlangt kräftige Aromen.

Kümmel, Anis, Koriander und Fenchel wirken durch ihre ätherischen Öle appetitanregend, verdauungsfördernd und entblähend. Sie werden dem Teig in ganzer oder gestoßener Form zugesetzt.

Zimt verleiht Kuchen und Kleingebäck aus Vollkornmehl eine ideale Verfeinerung, da speziell dieses Aroma richtig »angenommen« wird und sich sehr gut mit den Eigenaromen des Vollkornmehls verbindet. Zimt wirkt appetitanregend, krampflösend, schleimlösend, anregend, antiseptisch und fäulnisverhindernd.

Nelken, Piment, Kardamom und Ingwer ergeben in Verbindung miteinander die unverwechselbare (magenstärkende) Geschmacksnote für weihnachtliches Lebkuchengebäck.

Vanille, die als Schale oder *Vanillepulver* in Naturkostläden geführt wird, eignet sich vorwiegend zum Aromatisieren von Füllcremes, da sich ihr Aroma in Teigen aus Vollkornmehl weniger gut behaupten kann. Zur Erzielung eines intensiven Vanillegeschmacks empfiehlt es sich, in das Aufbewahrungsgefäß etwas Vanillepulver zu streuen oder eine Vanilleschote mit hineinzulegen.

Zitronen- und Orangenschale aus unbehandelten Früchten sind für die Vollkornbäckerei als Aromaträger bestens geeignet. **Zitronensaft** kann sich auch gut durchsetzen und paßt besonders in Teige mit Nuß- oder Mandelgehalt.

Alkohol, wie Rum, Arrak und Obstgeist, wird für Teige häufig als Geschmacks- und Triebmittel angewandt. Die besondere, fein anregende Note erhalten Kuchen und Torten, die nach dem Backen und beim Füllen mit Alkohol getränkt werden.

Über die Vollkornbäckerei

Getreidemühlen Foto Seite 2

Die Vorzüge des frisch vermahlenen Getreidekorns lassen sich nur über eine eigene Getreidemühle voll nutzen. Mühlen mit Handbetrieb mahlen zwar schonend, aber höchstens bis zum Grad »mittelfeiner Schrot«. Sie erfordern hohen Kraft- und Zeitaufwand.

Mühlen als Zusatzgerät zu Küchenmaschinen

Die meisten Hersteller von Küchenmaschinen bieten bereits Getreidemühlen annähernd gleicher Qualität als Zusatzgerät an. Diese Mühlen haben einen vertikal gelagerten Stahl-, Keramik- oder Steinmahlvorsatz, der die Körner schneidend und reibend (oder auch quetschend) zerkleinert (»System Messerschmidt«).

Vorzüge
▷ Billiger als größere Mühlen mit eigenem Motor.
▷ Sehr feines Mahlen möglich.

Nachteile
▷ Geringere Leistung, damit hoher Zeitaufwand bei größeren Mahlmengen.
▷ Schneide-, Quetsch-, Reibsysteme, besonders in Verbindung mit Stahlwalze, erzeugen hohen Mahldruck und damit höhere Erhitzung des Mahlgutes.

Selbständige Getreidemühlen

Auch die großen Mühlen zeigen unterschiedliche »Fähigkeiten«. Sie arbeiten mit gegeneinanderlaufenden Mahlsteinen, die sowohl vertikal als auch horizontal (in der Praxis bestens bewährt) gelagert sein können. Das Mahlwerk kann sowohl aus Kunststein (der aus natürlichem Material gegossen ist) als auch aus echtem Naturstein (Granit) hergestellt sein.

Die Gehäuse werden aus Kunststoff, Metall und Holz angeboten.

Vorzüge
▷ Deutlich höhere Leistung in der vergleichbaren Zeit als bei Zusatzgeräten mit Walzenmahlwerk.
▷ Schonende bis sehr schonende Behandlung des Mahlguts durch das Mahlsystem.
▷ Geräuschgedämpfter Laufbetrieb.
▷ Geringe Reparaturanfälligkeit.

Nachteile
▷ Teurer als Zusatz-Getreidemühlen.

Anschaffung und Auswahl

▷ Für das Schroten von Getreide zum Müsli und für gelegentliches Backen genügt – bei Vorhandensein einer Küchenmaschine – das Zusatzgerät.
▷ Wenn regelmäßig Brot gebacken und viel Getreidekost zubereitet wird, lohnt sich die Anschaffung einer leistungsstarken Getreidemühle.
▷ Sehr wichtig ist die Prüfung vor Ort (Probemahlen). Da das Mahlgut bereits beim Warmwerden ab 40 °C beachtlich an Wert durch Zerstörung wichtiger Enzyme verliert, muß man die Leistung der Mühle auf die Temperatur überprüfen. Die eingebaute Luftkühlung mancher Mühlen täuscht oft darüber hinweg, weil das Mahlgut bereits abgekühlt aus der Mühle rinnt.

Wichtiger Tip

Werden größere Mengen gemahlen, sollte das Getreide vorher bei 30–50 °C im Ofen auf dem Blech 20 Minuten vorgetrocknet werden, weil bereits bei leicht feuchtem Getreide die Mahlsteine verkleben können und dabei das Mahlgut unweigerlich zu warm wird.

Brot
und Brötchen

Grundsätzliches voraus

Kneten

Sobald alle Zutaten zusammengemischt sind, muß der Teig geknetet werden. Dies kann in einer großen, weiten Schüssel, besser auf dem leicht bemehlten Backbrett erfolgen. Die richtige Durchsetzung des Teiges mit dem Gärmittel ist für ein gutes Backergebnis von ausschlaggebender Bedeutung und setzt *intensive* Bearbeitung durch Kneten voraus. Beim Kneten wird der Teig mit der Arbeitshand immer vom Rand zur Mitte geholt und dabei im gleichen Rhythmus zur Arbeitshand hin gedreht. Dieser Vorgang muß so lange ausgeführt werden, bis der Teig glatt und geschmeidig wird und weder an der Schüssel bzw. dem Backbrett, noch an den Fingern kleben bleibt. Dabei entstehen am Schüsselgrund (oder auf der dem Backbrett zugewandten Seite) die glatte *Teighaut,* die immer unten zu bleiben hat, und in der Draufsicht der *Teigschluß,* der immer die Oberseite bilden muß. Nach diesem ersten Kneten braucht der Teig Ruhe, um sich wieder zu lockern.

Das *Nachkneten* erfolgt, sobald der Teig vom ersten Kneten sich erholt = gelockert hat. Dies zeigt sich durch eine leicht gewölbte, manchmal etwas rissige Oberfläche an. Durch das Nachkneten wird einmal überflüssige Luft herausgepreßt und zum anderen eine verbesserte Durchsetzung mit dem Gärmittel erzielt.

Ausformen

Das *Auswirken* ist die eigentliche Formgebung. Der Teig wird entweder als runder Laib oder als länglicher Wecken geformt und in ein gut bemehltes Gärkörbchen (oder entsprechende Schüssel oder Kastenform) gelegt und muß zugedeckt nochmals so lange ruhen, bis die Oberfläche wieder locker wird und sich wölbt. Die Formgebung ist für das Geschmacksergebnis sehr wichtig, denn sie beeinflußt entscheidend die Durchdringung mit Hitze und die davon abhängige Krustenbildung. Machen Sie selbst die Probe, indem Sie denselben Teig in verschiedenen Größen (rund und länglich) ausformen. Allein dieser technische Kniff verändert den Brotgeschmack.

Der Laib ist (nach dem viel flacheren Fladen) eine Ur-Form des Brotes. Um eine schöne Laibform zu erzielen, bedient man sich stroh- oder peddigrohrgeflochtener Gärkörbchen, in verschiedenen Größen im Handel zu haben, deren Struktur (oder Flechtmuster) sich dem Teig einprägt und damit sehr zur Krustenbildung beiträgt. Anstelle des Körbchens kann auch eine gleich große Porzellan- oder Steingutschüssel benutzt werden. Das Fassungsvermögen sollte auf ein Teiggewicht von max. 1 kg begrenzt sein, da größere Mengen von Haushaltsherden nicht mehr bewältigt werden.

Grundsätzliches voraus

Der längliche Wecken oder Kipf wird in länglichen Gärkörbchen oder notfalls einer Kastenform gebildet. Mengenmäßig gilt das gleiche Prinzip.
Alle Formgefäße werden vor dem Einlegen des Teiges gut mit Mehl ausgestreut.

Krustenbildung

Die gute Krustenbildung ist das weitere angestrebte Ziel, weil eine Kruste von ½–¾ cm Tiefe Bekömmlichkeit, Haltbarkeit und Aussehen des Brotes enorm beeinflußt. Man kann eine Mehlkruste und eine glänzende Kruste erzeugen.

Für die *Mehlkruste* wird das Mehl aus dem Gärkörbchen am Brot belassen und mitgebacken. Man kann Gewürze wie Kümmel, Fenchel, Koriander, Sesam und Mohn darüberstreuen, die durch das Backen ihre besonderen Aromen entwickeln. 15–20 Minuten vor Backzeitende besprüht man das Brot mit kaltem Wasser und läßt es fertigbacken. Dasselbe wiederholt man beim fertigen Brot, wenn man es aus dem Ofen nimmt.

Für die *glänzende Kruste* nimmt man vor dem Einschieben mit einem Pinsel alles Mehl ab und bestreicht den Teig mit kaltem Wasser oder einer Mischung aus 6 EL Wasser und 1 EL Olivenöl. Diesen Vorgang wiederholt man nach einer Backzeit von 1–1¼ Stunden und wenn das Brot aus dem Ofen kommt. Das Bestreuen mit den genannten Gewürzen ist auch hier üblich.

Es ist wichtig, daß das Brot lange genug bäckt, weil nur eine stetige, nicht zu hohe Hitze gute Rindenbildung erzeugt. *Brot, das in Formen gebacken wird, erreicht dieses Ziel nicht und ähnelt eher einem Kuchen.* Dabei ist Brot mit gutem Rindenanteil auch für die Zähne sehr gesund!

Das Anstechen des Brotteiges mit einer Fleischgabel oder Einritzen mit einem scharfen Messer vor dem Backen in Kreuz- oder Rautenform oder mit Schrägschnitten soll das Aufreißen verhindern und zur Krustenbildung beitragen.

Backen

Für alle Brotteige muß der Ofen auf Höchststufe vorgeheizt werden. Brotteige, besonders die aus Sauerteig, brauchen zum Beginn des Backprozesses einen Feuchtigkeitsschub zum Aufgehen. Deshalb wird beim Vorheizen eine flache Schüssel oder ein Suppenteller mit etwa 1 Tasse Wasser in den Herd gestellt, 15–20 Minuten nach Backbeginn wieder herausgenommen und die Hitze auf 180–190 °C reduziert.

Das Brot muß immer in der Ofenmitte stehen, damit die Hitze von allen Seiten herankommen kann. Es wird auf der Schiene unter der Mitte (bei 4 Einschubhöhen) oder auf der Mittelschiene gebacken. Es ist *nicht vorteilhaft,* 2 Laibe (versetzt) auf einem Blech zu backen, da die Temperatur normaler Haushaltsöfen dafür nicht ausreicht und die eingeschobene Teigmenge die Anfangstemperatur zu sehr herabsenkt. Brot mit Mehlkruste bekommt eine graue, nur leicht gebräunte Rinde, während die Glanzkruste kräftig braun wird.

Das fertige Brot muß sich leicht anfühlen und – wenn man es auf seiner Unterseite beklopft – hohl klingen. Es muß auf einem Gitter oder Brett auskühlen und sollte vor dem Anschneiden genügend Ruhe haben, damit die Aromen zur Entfaltung kommen. Hefebrote können nach 1–2 Tagen, Sauerteigbrote erst nach 2–4 Tagen dieses Stadium erreicht haben.

Brotteige mit Hefe

Hefe, deren Pilze bei günstigen Bedingungen ihre Aktivität entfalten und dabei die Stärke im Getreide zu Alkohol und Kohlensäure abbauen, kann binnen kurzer Zeit eine sehr gute Teiglockerung bewirken. Bedingung ist die reine oder überwiegende Verwendung kleberreichen Getreides, wie Weizen oder Dinkel, der das Gebäck locker, voluminös und elastisch macht. Für Roggenmehl reicht die Hefegärung nicht aus.

Regeln für die Teigbereitung

▷ Zum Vorteig oder Ansatz immer frische Preßhefe benutzen.
▷ Flüssigkeitstemperatur muß zwischen 20 und 25 °C liegen.
▷ Getreide unmittelbar vor Gebrauch mahlen, damit die hochempfindlichen Fermente und Enzyme nicht durch den Luftsauerstoff geschädigt werden.
▷ Wird Teigen mit kurzer Gärzeit Vollkornschrot beigemischt, diesen 30 Minuten in lauwarmem Wasser einweichen, um den Abbau von Phytin (eine die Mineralstoffaufnahme behindernden Phosphorverbindung) durch das Ferment Phytase zu gewährleisten. Dieser Vorgang erübrigt sich bei der Herstellung von Sauerteig.
▷ Zur Teigbereitung die zweite Wassermenge im Rezept nach und nach zugeben. Da Getreide unterschiedliche Flüssigkeitsmengen braucht, kann sich einmal die Menge verringern, ein andermal auch erhöhen.
▷ Teig sehr gut kneten!
▷ Beim Gehen (Gären) immer zudecken, damit die Oberfläche nicht austrocknet. Nicht direkt in die Wärme stellen, damit die Gärung nicht zu stürmisch verläuft.

▷ Brötchen- oder Fladenbrotteige etwas weicher als Brotteig halten.
▷ Keine größeren Mengen als die in den Rezepten angegebenen zubereiten, da Hefe-Vollkornteige rasch gehen, aber das Backen seine feste Zeit braucht.

Weizenvollkornbrot

Backzeit: Mit Dampf 15 Minuten bei 220–250 °C, ohne Dampf 60 Minuten bei 180 °C

*Ansatz: 42 g = 1 Würfel frische Preßhefe * 1 EL flüssiger Honig * 300 g gemahlenes Weizenvollkornmehl * 300 g lauwarmes Wasser (20°C)*
*Teig: 500 g geschroteter Weizen * 150 g lauwarmes Wasser (20°C), evtl. 50 g mehr * 1 EL grobgestoßener Koriander * 1 EL Kümmel * 1 TL Fenchel oder Anis nach Belieben * 1 gestr. EL Vollmeersalz Körbchen, evtl. Gewürze zum Bestreuen, Wasser zum Bestreichen nach Belieben, bemehltes oder leicht geöltes Backblech*

Zum Ansatz die Hefe mit Honig verrühren, mit Wasser und Mehl glatt vermischen, zudecken, gehen lassen. Sobald der Ansatz sich deutlich vermehrt hat und an seiner Oberfläche Blasen zeigt, mit dem Weizenschrot, dem Wasser, Gewürzen und Salz zu einem glattem, nicht mehr klebenden, gut mittelfesten Teig verarbeiten und zu glatter Kugel formen. Das Körbchen leicht mit Schrot ausstreuen, die Teigkugel mit der glatten Seite nach unten, in den Korb legen, mit Tuch zudecken und gehen lassen. Den

Ofen auf höchste Hitzestufe einschalten und eine flache Schale mit Wasser hineinstellen. Sobald das Wasser zu sieden beginnt, den gegangenen Teig auf vorbereitetes Blech stürzen, nach Belieben mit kaltem Wasser bestreichen und/oder mit Gewürzen bestreuen, auf der unteren Mitte backen. Nach 20 Minuten die Schale mit Wasser entfernen, Hitze auf 180 °C reduzieren und weiterbacken. Nach weiteren 30 Minuten evtl. wieder mit Wasser oder Olivenöl bestreichen und fertigbakken. Das fertige Brot vom Blech nehmen, auf Brett oder Kuchengitter auskühlen und bis zum Anschneiden 1 Tag kühl ruhen lassen.

~~~~~~~~ **Variationen** ~~~~~~~~

Leinsamenbrot: Den Teig ohne Koriander, Kümmel, Fenchel zubereiten, 5 g mehr Salz zugeben, 80–100 g Leinsamen ½ Stunde in kaltem Wasser vorquellen, unter den fertigen Teig kneten, wie Grundrezept backen.

Sonnenblumenbrot: Zusätzlich 80–100 g Sonnenblumenkerne in den Teig einarbeiten.

Buttermilchbrot: Den Teig statt mit Wasser mit gleicher Menge Buttermilch zubereiten, nur mit Koriander und/oder Fenchel würzen, Salzmenge um 5 g erhöhen, backen wie Grundrezept.

Rosinenbrot: Teig aus ½ Grundrezept herstellen. Mit 1 EL Zimt und 1 TL Nelken oder Piment würzen, 250 g gewaschene, in Honigwasser oder Rum eingeweichte Rosinen unterkneten, kleine Laibe formen, zugedeckt gehen lassen, mit Honigwasser bestreichen, backen wie Grundrezept. Backzeit um 20 Minuten verringern.

~~~~~~~~~~~~~~~~~~~~~~~

Fladenbrote Foto Seite 25

Backzeit: Mit Dampf 10 Minuten bei 200–220 °C, ohne Dampf 20 Minuten bei 190 °C

*1 Rezept Weizenvollkornbrot (Seite 22) * 2–3 EL Kümmel und grobgestoßener Koriander zum Bestreuen * Mehl zum Blech * Milch zum Bestreichen*

Den Teig nach dem Ruhen nochmals durchkneten, in 6–7 Portionen einteilen, zu flachen Laibchen formen, zu Fladen von knapp 20 cm Ø auswellen, auf Backbrett oder Blech legen, mit Tuch zudekken, ruhen lassen.

Schwedenfladen: Mit rundem Ausstecher von 3–4 cm Ø kleines Loch aus der Fladenmitte stechen, Fladen mit Kümmel bestreuen, backen.

Vinschger-Fladen: Die gegangenen Fladen mit Milch bestreichen, mit Koriander bestreuen, backen. Frisch verzehren.

~~~~~~~~ **Variation** ~~~~~~~~

Aprikosenbrot: 250 g Trockenaprikosen in 1 cm breite Streifen schneiden, über Nacht in Rum einweichen, unter den Teig mischen, mit Zimt, Piment, Ingwer und Koriander würzen, daraus Fladenbrote formen, backen.

~~~~~~~~~~~~~~~~~~~~~

Brotteige mit Hefe

Knusprige Stangenbrote
Foto Seite 25

Backzeit: Mit Dampf 15 Minuten
bei 220 °C, ohne Dampf 25–30 Minuten
bei 180 °C

*Grundteig: 500 g feingemahlenes Dinkel-
oder Weizenvollkommehl * 300 g feingemahlenes Gerstenvollkommehl *
75 g flüssige Butter * 4 EL kaltgepreßtes
Olivenöl * 1 EL Vollmeersalz *
etwas Pfeffer aus der Mühle *
42 g = 1 Würfel frische Preßhefe *
400 g lauwarmes Wasser oder
halb Milch/halb Wasser * flüssige Butter
oder Öl zum Blech * Olivenöl zum
Bestreichen (evtl. Milch oder Wasser)*

Geschmackszutaten
*Emmentaler Kipfe: 50 g grobgeriebener
Emmentaler Käse * frisch abgeriebene
Muskatnuß
Kümmelkipfe: 2–3 EL grobgestoßener
Kümmel
Schinkenkipfe: 1 TL getrockneter,
feingerebelter Thymian *
1 ausgepreßte Knoblauchzehe *
250 g magere, kleingeschnittene
(1 x 1 cm) Schinkenwürfel
Kürbisstangen (Sonnenblumen-Pignoli-
stangen): 4 EL grobgehackte Kürbis-
keme * 1 TL getrocknetes, feingerebeltes
Bohnenkraut
Zwiebelstangen: 3 mittelgroße,
grobgehackte Zwiebeln, in 2 EL flüssiger
Butter goldgelb gedünstet * 1 TL Salz *
Pfeffer aus der Mühle
Kräuterstangen: je 1 Bund feingehackte
Petersilie und Schnittlauch (3 EL getrocknet) * je 1 EL feingehackter Dill, Basilikum, Kerbel (oder ½ TL getrocknet) **

*2 ausgepreßte Knoblauchzehen *
1 TL Brennesselpulver oder 1 Bund
frische, feingehackte Brennesseln *
1 EL Pfefferschrot*

Das Mehl in genügend große Schüssel
füllen, flüssige Butter, Öl, Salz und Pfeffer
zugeben. Hefe in etwas Wasser auflösen,
mit der übrigen Flüssigkeit und allen anderen Zutaten zu glattem Teig arbeiten,
Teig zugedeckt gut gehen lassen. Geschmackszutaten nach Wahl vorbereiten
und unter den gegangenen Teig kneten.
(Bei Käse- Kümmel- und Kürbisstangen
etwas zum Bestreuen zurückbehalten. Die
vorbereiteten Zwiebeln vor der Zugabe
zum Teig abkühlen.)
Den fertigen Teig in 4–5 gleiche Teile teilen, daraus etwa 30–35 cm lange Rollen
formen, auf gefettetes Blech legen, mit
scharfem Messer oder Schere mehrmals
schräg 1 cm tief einschneiden, zugedeckt
gehen lassen. Ofen einschalten, flache
Schale mit Wasser hineinstellen. Die
Stangen mit Öl, Milch oder Wasser bestreichen, (mit Käse oder Kernen bestreuen), auf der oberen Mitte knusprig
backen.

~~~~~~~~ **Variation** ~~~~~~~~
Baguettes: Den Teig nur mit Weizen-
oder Dinkelmehl und ohne Gewürze zubereiten. Teig nach dem Gehen ausformen und wie im Rezept beschrieben fertigbacken.
~~~~~~~~~~~~~~~~~~~~~~

Fladenbrote, Rezept Seite 23
Stangenbrote, Rezept Seite 24
Brötchen, Kipfe, Zöpfe

Brotteige mit Hefe

Brötchen, Kipfe, Zöpfe

Backzeit: Mit Dampf 15 Minuten bei 200–220 °C, ohne Dampf 15 Minuten bei 180–190 °C

*600 g feingemahlenes Dinkel- oder Weizenmehl * 30 g frische Preßhefe * 1 EL flüssiger Honig * 350 g lauwarmes Wasser oder Milch * 2 EL Pflanzenöl * 2 TL Vollmeersalz * Butter zum Blech * Milch zum Bestreichen * 3 EL Reibkäse, Mohn, Sesam, Kümmel zum Bestreuen*

Die Hefe mit Honig in etwa ⅓ des Wassers auflösen, mit dem Mehl, Öl und Salz zu elastischem, glattem Teig verarbeiten, zugedeckt ruhen lassen. Den gegangenen Teig nochmals gut durchkneten, dann auf Backbrett in Portionen teilen.

Runde Brötchen: Teigportionen zu glatten Kugeln drehen, auf Blech setzen, nach Belieben einschneiden. Oder nach dem Drehen mit Milch bestreichen, mit der Oberfläche in Reibkäse, Mohn, Sesam oder Kümmel tauchen, auf Blech setzen, gehen lassen.

Kipfe: Die Teigportionen zu gleichmäßigen, ovalen Kipfen formen, nach Belieben wie Brötchen bestreichen und bestreuen. (Oder Teig in trapezförmige Stücke teilen, bestreichen, bestreuen).

Zöpfe: Aus den Teigportionen kleine Rollen von 2–3 cm Ø formen, zu Zöpfen flechten, bestreichen, bestreuen, auf Blech setzen, gehen lassen.

Den Ofen vorheizen, Wasserschale hineinstellen, nach ¼ der Backzeit wieder herausnehmen, die Brötchen knusprig backen, frisch verzehren.

25

Brotteige mit Hefe

Rosinen-Nuß-Laiberl, Leinsamenbrötchen

Backzeit: Mit Dampf 15 Minuten bei 200–220 °C, ohne Dampf 15 Minuten bei 180–190 °C

1 Rezept Brötchenteig (Seite 25) ∗
200 g halbierte Haselnüsse ∗
200 g gewaschene Rosinen oder
60 g frisch geschroteter oder
vorgequollener Leinsamen ∗
Wasser oder Milch zum Bestreichen ∗
Butter zum Blech

Unter den zubereiteten, nicht zu festen Teig die Nüsse und Rosinen oder den Leinsamen kneten, zugedeckt gehen lassen. Den gegangenen Teig in gleiche Portionen von je ca. 50 g einteilen, zu länglichen Laiberln formen, auf Blech setzen, gehen lassen, bestreichen, knusprig backen. Die Laiberl schmecken sowohl frisch als auch noch nach 2–3 Tagen ausgezeichnet.

~~~~~~~ **Variationen** ~~~~~~~
Den Laiberlteig mit 1 TL Zimt und ½ TL Piment würzen.
Statt mit Nüssen mit der doppelten Menge Rosinen zubereiten.
~~~~~~~~~~~~~~~~~~~~~~~~~

Quäkerbrötchen

Backzeit: Mit Dampf 15 Minuten bei 220 °C, ohne Dampf 20 Minuten bei 190 °C

250 g Vollkorn-Haferflocken oder mittel-grob geschroteter Hafer ∗ *300 g fein-gemahlener Weizen oder Dinkel* ∗
250 g kalte Milch, evtl. etwas mehr ∗
30 g Hefe ∗ *50 g lauwarme Milch* ∗
2 TL Vollmeersalz ∗ *50 g flüssige Butter* ∗
4 EL Ahornsirup oder flüssiger Honig ∗
1 EL grobgestoßener Koriander nach Belieben ∗ *Butter zum Blech* ∗
flüssige Butter zum Bestreichen

Haferflocken oder -schrot mit Milch über-gießen und etwa 20 Minuten quellen las-sen. Hefe in lauwarmer Milch auflösen und mit allen anderen Zutaten zu glattem Teig, der eher weiche als mittelfeste Be-schaffenheit haben muß, arbeiten, zuge-deckt gehen lassen. Danach den Teig nochmals durchkneten, zur Rolle formen und in etwa 15–18 gleiche Portionen tei-len. Die Teigportionen zu gleichmäßigen, länglichen Brötchen formen, auf gefette-tes Blech setzen, der Länge nach 1 cm tief einschneiden, gehen lassen, mit Butter bestreichen, mit Haferschrot bestreuen, knusprig backen.

Sauerteige und Sauerteige mit Hefe

Roggenmehl läßt sich nur mit Sauerteig zu gutem Brot verbacken, da die Milchsäurebakterien des Sauerteiges die Roggenstärke aufschließen und den Gärungsprozeß bewirken können. Milchsäurebakterien brauchen aber zu ihrer Tätigkeit höhere Temperaturen als Hefepilze. Die Zubereitung von Sauerteigbrot ist etwas schwieriger und braucht mehr Zeit als die von Hefebrot. Frischen Sauerteig kann man auch beim Bäcker kaufen.

Grundregeln für die Sauerteigbereitung

▷ Nur frisch säuerlich riechenden Sauerteig verwenden. Hat Sauerteig einen essigscharfen Geruch, ist er für den Brotteig nicht mehr tauglich.

▷ Optimale Bedingungen schaffen: Schüssel anwärmen, evtl. Getreide vor dem Vermahlen bei 30 °C 15 Minuten darren, Flüssigkeit zum Auflösen des Sauerteiges 50–55 °C warm zugeben, den Ansatz und später den Teig warm stellen, z. B. in Herd- oder Ofennähe oder im offenen Backofen bei 35 °C, mit Tuch zugedeckt.

▷ Wird neben Mehl auch Schrot zum Teig verwendet, diesen vorher 30 Minuten in lauwarmem Wasser einweichen, Wasser abgießen, Schrot in den Teig einkneten, macht evtl. etwas mehr Mehl nötig.

▷ Bei Sauerteig mit Hefe kann die aufgelöste Hefe sowohl zum Ansatz als auch erst zum Teig gegeben werden (der Ansatz mit Hefe geht rascher als nur mit Sauerteig).

▷ Sauerteigbrote werden flacher als Hefebrote und brauchen nach dem Backen mindestens 2–3 Tage zum Nachreifen.

Herstellung von Grundsauer (Dreistufensauer)

1. Tag: 30 g feingemahlenes Roggenvollkornmehl ∗ 30 g Wasser, 40 °C warm, noch besser Trinkmolke, Buttermilch oder Sauermilch

Mehl und Flüssigkeit gut verrühren, in Steinzeug- oder Porzellanschüssel füllen, mit einem Tuch und Kissen zudecken und an warmem Ort (auf Herdseite bei Kohleherd, auf dem Kachelofen oder auf Wärmflasche bzw. Heizkissen) bei 37–40 °C stehen lassen, am besten über Nacht und den darauffolgenden Tag.

2. Tag: 30 g feingemahlenes Roggenvollkornmehl ∗ 30 g Wasser, Molke, Butter- oder Sauermilch, 40 °C warm

Am Abend zu der Mischung vom Vorabend rühren, wieder zudecken und gut gewärmt gehen lassen.

3. Tag: 40 g feingemahlenes Roggenvollkornmehl ∗ 40 g Wasser, Molke, Butter- oder Sauermilch, 40 °C warm

Wieder am Abend zu der gärenden Mischung rühren, nochmals über Nacht, wie beschrieben, zugedeckt reifen lassen, bis die Mischung angenehm säuerlich riecht und mit Blasen durchsetzt ist.

Dies ist die für das Grundrezept benötigte Menge an Sauerteig. In einem sauber ausgespülten Schraubglas ist er im Kühlschrank wochenlang haltbar. Üblich ist es, vom Brotteig nach dem zweiten Kneten (100 g für unser Rezept) abzunehmen und im Schraubglas oder Steingutgefäß im Keller aufzubewahren.

Sauerteige und Sauerteige mit Hefe

Sauerteigbrot, Roggenlaib

Backzeit: Mit Dampf 15 Minuten bei 220–250 °C, ohne Dampf 1¼ Stunden bei 180–190 °C

Ansatz (Vollsauer): 100 g Sauerteig (Grundsauer, Seite 27) ∗ 360 g Wasser, 50 °C warm ∗ 360 g feingemahlenes Roggenvollkommehl
Teig: 250 g feingemahlenes Weizen- oder Dinkelvollkommehl ∗ 150 g fein- gemahlenes Roggenvollkommehl ∗ 1 EL Kümmel ∗ 1 TL Fenchel nach Belieben ∗ 2 TL gestoßener Koriander nach Belieben ∗ 2 TL Vollsalz ∗ 50 g Wasser, 40 °C warm ∗ Fett oder Mehl zum Blech ∗ Wasser zum Bestreichen ∗ Gewürze zum Bestreuen

Ansatz: Den Sauerteig in passender Schüssel mit Wasser auflösen, mit Mehl zu suppigem Brei vermischen, mit Tuch abdecken, an warmem Ort bei 22–25 °C gehen lassen (am besten über Nacht).
Teig: Am Morgen (oder nach mehreren Stunden), wenn die Oberfläche des An- satzes mit Bläschen und Blasen überzo- gen ist, Mehl und Gewürze zugeben, mit Wasser – evtl. etwas mehr – zu Teig ver- mischen und auf Backbrett mindestens 10 Minuten intensiv kneten. Die Schüssel mit wenig Mehl ausstreuen, Teig einle- gen, zudecken und wieder warm gehen lassen. Sobald der Teig sich lockert – die deutlich gewölbte Oberfläche zeigt dies an – nochmals etwa 5 Minuten durchkne- ten (100 g Teig für den Ansatz des näch- sten Brotes abnehmen) und mit dem Teigschluß nach oben in ein mit Mehl gut ausgestreutes Gärkörbchen legen, zuge- deckt nochmals zum Gehen warm stel- len.
Nach erneuter Teiglockerung den Laib auf gefettetes oder bemehltes Blech stür- zen, einritzen, nach Belieben (für glän- zende Kruste) mit Wasser bestreichen, mit Gewürzen bestreuen, bei Dampf in vorge- heizten Ofen schieben. Nach 10 Minuten Wassergefäß wieder entfernen, Hitze auf 180–190 °C reduzieren, backen. 15 Mi- nuten vor Backzeitende evtl. nochmals bestreichen (bei mehliger Kruste nur mit dem Pinsel mit kaltem Wasser bespren- gen), fertigbacken. Beim Herausnehmen evtl. nochmals bestreichen, auf Gitter oder Brett auskühlen lassen, erst nach 2 Tagen anschneiden.

~~~~~~~ **Variationen** ~~~~~~~~
Den Teig ausschließlich mit Roggenmehl zubereiten. Oder ⅓ des Mehles durch mit- telgroben Schrot ersetzen. In beiden Fäl- len dauert das Gehen etwas länger und der Laib bäckt flacher als bei Weizen- mehlzugabe.
~~~~~~~~~~~~~~~~~~~~~~~~

Sauerteig-Hefebrot, Hausbrot
Dreikornbrot

Backzeit: Mit Dampf 10 Minuten bei 220–250 °C, ohne Dampf 1¼ Stunden bei 180–190 °C

Ansatz: 60 g Sauerteig (siehe links) ∗ 250 g Wasser, 50 °C warm ∗ 250 g fein- gemahlenes Roggenvollkommehl
Teig: 250 g feingemahlenes Weizen- oder Dinkelvollkommehl ∗ 250 g fein-

gemahlenes Gerstenvollkommehl *
2 TL Vollsalz * 2 EL Gewürze, wie Kümmel, Fenchel, Anis oder Koriander *
20 g Hefe * 50 g lauwarmes Wasser *
Fett oder Mehl zum Blech * Wasser zum
Bestreichen

Ansatz: Den Sauerteig mit Wasser auflösen, mit Roggenmehl zu suppigem Brei
vermischen, mit Tuch abdecken, bei
22–25 °C über Nacht gehen lassen.
Teig: Am Morgen (oder nach mehreren
Stunden), wenn der Ansatz mit Blasen
durchsetzt ist, Mehl und Gewürze zugeben. Hefe im Wasser auflösen, mit den
anderen Zutaten intensiv verkneten (auf
Backbrett arbeiten). Schüssel mit etwas
Mehl ausstreuen, Teig einlegen, zudekken, wieder warm gehen lassen. Sobald
der Teig aufgegangen ist, nochmals gut
durchkneten, mit Teigschluß nach oben
in mit Mehl bestreutes Gärkörbchen legen, zudecken, nochmals an warmem Ort
gehen lassen.
Nach erneuter Lockerung des Teiges den
Laib auf gefettetes oder bemehltes Blech
stürzen, einritzen, nach Belieben mit Wasser bestreichen, bei Dampf in vorgeheizten Ofen schieben. Nach 10 Minuten
Wassergefäß herausnehmen, Hitze auf
180–190 °C reduzieren, backen. 15 Minuten vor Ende der Backzeit nochmals
bestreichen, fertigbacken. Beim Herausnehmen nochmals bestreichen, auf Gitter
oder Brett auskühlen lassen.
Vor dem Anschneiden 2 Tage möglichst
kühl und dunkel ruhen lassen, am besten
im Keller oder einem Gefäß aus Ton bzw.
Keramik nachreifen lassen und aufbewahren.

Kerndl-Fladen

Backzeit: Mit Dampf 10 Minuten
bei 220–250 °C, ohne Dampf
ca. 45 Minuten bei 180–190 °C

1 Rezept Sauerteig-Hefebrot (Seite 28),
mit ca. 1/10 l mehr Flüssigkeit zubereitet *
1½ TL feingeriebener Oregano * 150 g
grobgehackte Kürbis- oder Sonnenblumenkerne

Ansatz und Teig, wie im Rezept beschrie-
ben, zubereiten, etwas weicher halten,
Gewürz und Kerne gründlich einarbeiten,
Teig zugeck gehen lassen. Gegangenen
Teig nochmals gründlich durchkneten, in
4 Portionen teilen, rund formen, mit Nudelrolle auswellen, Fladen von ca. 20 cm
Ø formen, auf bemehltem Brett oder
Blech gehen lassen, mit Tuch abdecken.
Die gegangenen Fladen mit Gabel im Abstand von 2–3 cm versetzt einstechen.
Mit Dampf 10 Minuten backen, Wassergefäß aus dem Ofen nehmen und fertigbacken. Die Fladen auf Backbrett auskühlen lassen und kühl aufbewaren, wenn
sie nicht ofenfrisch verzehrt werden.
Kerndl-Fladen eignen sich hervorragend
als Pausenbrot zu Milch und/oder Obst,
als Energiespender auf Wanderungen
und Bergtouren und als kräftiges Früh-
stücksbrot.

~~~~~~ **Variationen** ~~~~~~
In den Teig 100–150 g feingewürfelten,
mageren Schinken einarbeiten.
Statt Oregano mit 100 g Waldhonig oder
Sirup würzen.

Brotteige ohne Triebmittel

Knäckebrot

Backzeit: 40 Minuten bei 200 °C

*500 g feingemahlenes Weizenvollkommehl * 50 g Leinsamenschrot oder Sesam nach Belieben * 1 TL Vollsalz * 1 TL gestoßener Koriander oder Kümmel * 450 g Wasser, Milch oder Buttermilch, evtl. etwas mehr * 75 g zerlassene Butter oder Pflanzenöl * Fett zum Blech*

Mehl, evtl. Leinsamen oder Sesam, Salz und Gewürz mischen, Flüssigkeit und Butter zumischen, alles zu glattem Teig kneten, 10 Minuten ruhen lassen, nochmals kneten. Teig 2 mm dünn auswellen, in Rechtecke von 10 × 15 cm schneiden, mit Gabelzinken streifenweise einstechen, auf gefettetes Blech legen, knusprig backen, danach trocken aufbewahren.

~~~~~~~ **Variationen** ~~~~~~~
Mehlmischung, z. B. bestehend aus 400 g Weizen- mit 100 g Roggenvollkornmehl oder 250 g Weizen- mit 250 g Hafervollkornmehl, verwenden.
Mit Kümmel oder Sesam bestreuen.
~~~~~~~~~~~~~~~~~~~~~~~~~~~

Chapati

Backzeit: ca. 1 Minute pro Seite
(in der Pfanne)

*250 g feingemahlenes Weizen- oder Dinkelvollkommehl * 1 TL Vollsalz * 1 TL gestoßener Koriander oder Kümmel oder 1 Prise Kardamon * ¼ TL Chilipulver * ⅛ l lauwarmes Wasser * 1 EL Olivenöl zum Ausbacken*

Mehl mit Gewürzen auf Backbrett häufen, Wasser nach und nach zugießen, mit Gabel untermengen und dann zu glattem Teig kneten, 20 Minuten ruhen lassen, dann nochmals intensiv kneten. Den Teig in 6 Portionen einteilen. Jede Portion mit wenig Mehl zu dünnem Fladen in Pfannengröße auswellen. Die Pfanne langsam heiß werden lassen, mit sehr wenig Öl auspinseln, Fladen einlegen und bei Mittelhitze langsam mehr rösten oder trocknen als backen. Sobald der Fladen Blasen bekommt, wenden, fertigbacken. Die heißen Fladen mit Butterflöckchen belegen, frische Kräuter darüberstreuen, zusammenfalten und heiß essen. Oder mit Sahne und Honig bestreichen. Oder trocken zu Gemüsesuppe reichen. Oder kalt als Knusperbrot zu Wein und Bier servieren.

~~~~~~~ **Variation** ~~~~~~~
50 g des Mehlgewichts durch feine Kokosraspel ersetzen, nach dem Backen mit Ahornsirup bestreichen, zusammenrollen, sehr frisch verzehren.
~~~~~~~~~~~~~~~~~~~~~~~~~~~

Feiner Schlupfkuchen, Rezept Seite 44

Kuchen und Torten
süß und pikant

Hefeteig

Dem Hefeteig kommt in der Vollkornbäkkerei eine tragende Rolle zu. Brote, Brötchen, süße und pikante Kuchen und Kleingebäck lassen sich technisch leicht herstellen. Da Hefe in dem frisch vermahlenen Mehl reiche Nahrung findet, entwickelt sich der Gärungs- und Lockerungsprozeß meist sehr dynamisch. Da aber eine langsame Teiglockerung für das Ergebnis besser ist, sollte Hefeteig nicht zu warm stehen.

Regeln für die Teigbereitung

▷ Weizen oder Dinkel erst unmittelbar vor Gebrauch fein mahlen.
▷ Hefe in höchstens lauwarmem (15–18 °C) Wasser oder Milch mit wenig Honig oder in kalter Flüssigkeit auflösen.
▷ 1. Phase: Vorteig im Mehl in der Schüssel ansetzen, zudecken, gehen lassen. Sobald er deutlich Blasen bildet, den Teig weiter bearbeiten.
Alle anderen Zutaten ebenfalls nur lauwarm zugeben, um den Lockerungsprozeß langsam ablaufen zu lassen. Teig sehr gut kneten oder abschlagen.
▷ 2. Phase: Teig zugedeckt auf doppeltes Volumen gehen lassen. Bei größeren Teigmengen und Teigen mit vielen anderen Zutaten Hefeteig kalt (bei 12–16 °C) gehen lassen. Er wird so feinporiger und saftiger.
▷ 3. Phase: Teig zusammenkneten, ausformen und wieder gehen lassen. Vor dem Backen evtl. mit Milch, Eigelb usw. bestreichen.

Regeln für das Backen

▷ Im vorgeheizten Ofen backen.
▷ Stollen, Zopf und Kuchen mit feuchtem Belag auf unterer Mitte, flaches Gebäck auf oberer Mitte backen.

▷ Nach dem Backen Hefegebäck auf Brett oder Kuchengitter auskühlen lassen.

Tips

▷ Hefeteig läßt sich nach dem ersten oder zweiten Gehen, im Beutel verpackt, für 2–3 Monate einfrieren.
▷ Gebäck aus Mittelfestem Hefeteig ist hervorragendes Frischgebäck, Stollen mit reicheren Zutaten 3 Tage vor Gebrauch zubereiten.

Mittelfester Hefeteig
Grundrezept

*500 g feingemahlenes Weizenvollkornmehl * 30 g frische Preßhefe oder 1 P Trockenhefe * ¼ l lauwarme Milch * 1 TL Honig * ¼ TL Salz * 60 g flüssige Butter oder neutrales Pflanzenöl * 1 EL Honig * 1 Ei * 1 TL fein abgeriebene Zitronenschale*

Zubereitung mit Vorteig: Mehl in Schüssel füllen, in die Mitte kleine Grube drücken. Frische Preßhefe in Tasse bröckeln, mit ⅓ der Milch und dem Honig auflösen, in die Mehlgrube gießen und dabei 2–3 Eßlöffel des umgebenden Mehls mit einrühren. Wenig Mehl darüberstäuben, mit sauberem Tuch zudecken, an zugfreiem, warmem Ort gehen lassen. Sobald der Vorteig (nach ca. 15–20 Minuten) Blasen zeigt und sich deutlich wölbt, an der Seite Salz, flüssiges Fett, Honig und Ei zugeben, die restliche Milch zur Hälfte angießen. Mit Kochlöffel oder Knethaken zu mittelfestem Teig abschlagen, dabei so viel Milch zugießen, daß der Teig elastisch bleibt. Den Teig so lan-

ge unter möglichst häufigem Hochziehen abschlagen, bis er Blasen zeigt und ganz glatt ist, an der Schüssel dürfen keine Teigreste mehr kleben. (Bei Verwendung von Trockenfrüchten und/oder Nüssen werden diese jetzt zugefügt.) Teig wieder mit Tuch zudecken, an warmem, zugfreiem Ort ruhen und zu doppeltem Volumen aufgehen lassen, dann erst weiterverarbeiten.

Zubereitung ohne Vorteig: Hefe zerbröseln, mit dem Honig und der Hälfte der Milch auflösen, in Teigschüssel mit allen anderen Zutaten mischen und mit Kochlöffel oder Knethaken so lange abschlagen, bis der Teig glatt und elastisch ist und Blasen zeigt. Dann mit Tuch zudekken, an warmem Ort zu doppeltem Volumen aufgehen lassen.

Zubereitung mit Trockenhefe: Die Hefe unter das Mehl mischen, mit allen anderen Zutaten und zunächst etwa ¾ der Milch zu elastischem, glattem Teig abschlagen, restliche Milch soweit nötig untermischen, den Teig zugedeckt an warmem Ort zu doppeltem Volumen aufgehen lassen.

Zutaten für Blechkuchen
375 g Mehl * 20 g Hefe * 1 TL Honig * ³⁄₁₆ l Milch * 1 Msp Salz * 50 g Butter * 1 Ei * ¾ EL Honig * 1 TL abgeriebene Zitronenschale

Hefezopf

Backzeit: 45–50 Minuten
bei 180–190 °C

*1 Rezept Mittelfester Hefeteig (Seite 32),
mit 100 g gewaschenen Rosinen oder
Sultaninen zubereitet * 1 Eigelb, mit
4 EL Milch verquirlt, zum Bestreichen *
Butter zum Blech*

Den gegangenen Teig nochmals kurz
durchkneten, in 3 gleiche Stücke teilen,
jedes Stück zur Rolle formen, nebeneinander auf Backbrett legen. Von der Mitte
aus zum Zopf flechten, Enden unterschieben, auf vorbereitetes Blech legen, zudecken, nochmals gehen lassen. Den gegangenen Teig mit verquirltem Eigelb bestreichen und auf der unteren Mitte goldbraun backen. Danach vom Blech nehmen, auf Kuchengitter oder Backbrett
auskühlen lassen.

~~~~~~~~~ **Variation** ~~~~~~~~~

Zwieback: Den Hefezopf ohne Rosinen
zubereiten, backen. Nach dem Auskühlen
– am besten einen Tag später – in 1½ cm
dicke Stücke schneiden, flach nebeneinander auf Blech legen und mit Honigwasser oder Ahornsirup bestreichen, bei
100–120 °C im Ofen trocknen lassen.
Nach 30–40 Minuten wenden, nach Belieben nochmals bestreichen und nochmals im Ofen trocknen lassen. Noch
warm in Dosen verpacken. Vorzügliches
Dauergebäck!

Rohrnudeln

Backzeit: 50 Minuten bei 175 °C

*1 Rezept Mittelfester Hefeteig
(Seite 32) * 100 g flüssige Butter oder
Butterschmalz * 2 EL Ahornsirup *
6 EL lauwarme Milch zum Bestreichen*

Hefeteig nach Grundrezept herstellen
und sehr gut gehen lassen. Bratreine oder
große Auflaufform mit der flüssigen Butter mehrmals ausstreichen, Ahornsirup

auf den Formboden träufeln. Den gegangenen Teig auf dem Backbrett zu dicker Rolle formen, davon 18–20 Portionen abschneiden. Jede Portion zu einer glatten Kugel drehen, dicht nebeneinander in die Form setzen, nochmals 15–20 Minuten zugedeckt gehen lassen, dann bakken, bis die Rohrnudeln rundum goldbraun sind. In der Form 10 Minuten abkühlen lassen, dann auf Platte stürzen, leicht auseinanderziehen. Frisch mit Vanillesauce oder Fruchtpüree servieren.

~~~~~~~~ **Variation** ~~~~~~~~

In jede Rohrnudel eine frische, entsteinte Zwetschge oder Aprikose »eindrehen«.

~~~~~~~~~~~~~~~~~~~~~~~~~

Wickelkuchen, Mohn- oder Nußkranz

Backzeit: 45 Minuten bei 180–190 °C

1 Rezept Mittelfester Hefeteig für Blechkuchen (Seite 33) ∗ Butter zur Form ∗ Honigwasser zum Bestreichen
Nußfüllung: 125 g feingeriebene Nüsse oder Mandeln ∗ 4 EL süße oder saure Sahne ∗ 1 EL flüssiger Honig oder Ahornsirup ∗ feingeriebene Zitronenschale ∗ 3 EL Zitronensaft
Mohnfüllung:
250 g gemahlener Mohn ∗ 50 g Sultaninen ∗ ¼ l Sahne ∗ 2 EL Honig ∗ 1 Prise Zimt ∗ 1 Prise Vanillepulver oder etwas feingeriebene Zitronenschale ∗ 4 EL Rum oder Arrak

Nußfüllung: Die Nüsse mit Sahne, Süßmittel, Zitronenschale und -saft zu cremiger Paste verrühren.

Mohnfüllung: Den Mohn und die Sultaninen mit der Sahne aufkochen, abkühlen lassen, mit Honig, Zimt, Vanille und Rum gut verrühren.

Den gegangenen Hefeteig auf Backbrett zu Rechteck von etwa 40 × 50 cm gleichmäßig auswellen, mit gewählter Fülle bestreichen, zusammenrollen.

Wickelkuchen: Die Rolle in gefettete Ringform legen, zugedeckt nochmals gehen lassen, backen.

Mohn- oder Nußkranz: Die Rolle mit scharfem Messer längs durchschneiden, die dadurch erhaltenen beiden Stränge miteinander verschlingen. Entweder in gefettete Kranzform oder auf gefettetes Blech als Kranz oder als Zopf legen, zugedeckt nochmals gehen lassen, backen.

Nach dem Backen in der Form oder auf dem Blech 10 Minuten ruhen lassen, dann mit Honigwasser bestreichen, auf Kuchengitter auskühlen lassen.

Für einen Holländer Kranz die Nußfüllung mit 150 g Honigmarzipan abbröseln. Füllen, formen und backen wie beschrieben.

Hefeteig

Butterkuchen

Backzeit: 35 Minuten bei 190 °C

*1 Rezept Mittelfester Hefeteig für
Blechkuchen (Seite 33), etwas weicher
zubereitet * Butter zum Blech
Belag: 150 g zimmerwarme Butter *
100 g Ahornsirup * 50 g Mandelblättchen oder -stifte*

Den gut gegangenen Hefeteig auf bemehltem Backbrett kurz durchkneten, auf
gefettetem Blech gleichmäßig dick ausformen, mit Tuch abdecken, nochmals
gut gehen lassen. In die gegangene Teigplatte mit Finger im Abstand von 5–7 cm
in versetzter Reihung Vertiefungen drük-
ken, diese mit Butterflöckchen füllen,
backen. Etwa nach halber Backzeit den
Ahornsirup mit Pinsel auftupfen, Mandelblättchen oder -stifte darüberstreuen, bakken, bis die Mandelstifte hell getönt sind.
Den fertigen Kuchen auf dem Blech etwa
10 Minuten abkühlen lassen, dann lok-
kern und auf Backbrett schieben. Dieser
Kuchen schmeckt frisch am besten.

~~~~~~~ **Variationen** ~~~~~~~
Statt Butterbelag Streusel-, Bienenstich-
oder Quarkbelag verwenden (Seite 74).
Festtags-Butterkuchen: Teig statt mit
Milch mit saurer Sahne zubereiten,
50–80 g gewaschene, in Rum eingeweichte Rosinen zugeben.
Gefüllter Streuselkuchen: Gegangenen
Teig zu zwei gleichdünnen Platten auswellen, eine Teighälfte auf Blech legen,
Quarkbelag auftragen, mit zweiter Teigplatte abdecken, Streusel darauf verteilen, backen.

~~~~~~~~~~~~~~~~~~~~~~

Blechkuchen mit frischem Obstbelag
Datschi

Backzeit: 40 Minuten bei 200 °C

*½ Rezept Mittelfester Hefeteig für
Blechkuchen (Seite 33) *
Butter zum Blech*

*Obstbelag: je 1 kg säuerliche oder mürbe
Äpfel, geschält, entkernt, in Spalten geschnitten, oder Zwetschgen, gewaschen,
entkernt, in zusammenhängende Viertel
geschnitten, oder Heidelbeeren, verlesen,
gewaschen, sehr gut abgetropft *
2 EL Ahornsirup, nach Belieben
mit etwas Zimt verrührt*

Den gegangenen Teig mit wenig Mehl
auf Backbrett gleichmäßig dick ausrollen,
locker zusammenlegen und auf dem
Blech wieder auseinanderfalten, mit den
Fingern an allen Seiten die Ränder hochdrücken.
Apfelbelag: Die Apfelspalten leicht
schuppenförmig in gleichmäßigen Ab-
ständen dicht auf den Teig legen, so daß
keine Zwischenräume entstehen, aus denen der Teig hochgehen kann.
Zwetschgenbelag: Die Zwetschgen
schuppenförmig dicht aneinander auf die
Teigplatte legen.
Heidelbeerbelag: Die abgetropften Heidelbeeren dicht auf den Kuchenboden
verteilen, mit der Hand vorsichtig andrükken.
Den Kuchen backen, danach auf dem
Blech gut abkühlen lassen, evtl. mit
Ahornsirup beträufeln, dann auf Backbrett oder Kuchengitter ziehen, erst nach
dem Erkalten anschneiden, möglichst
frisch verzehren.

Hefeteig

~~~~~~~ **Variationen** ~~~~~~~

Mit Sauerrahmguß: ⅜ l Sahne mit 3 Eiern und 2 EL Ahornsirup, ½ TL Vanillepulver oder Zimt und Saft von 1 Zitrone sehr gut verquirlen, langsam auf das Obst gießen, Kuchen sofort backen.

Mit Quarksahne-Obstbelag: *750 g Magerquark* ∗ *3 Eigelb* ∗ *100 g Ahornsirup* ∗ *½ TL Vanillepulver* ∗ *¼ TL feinstgemahlenes Weizen- oder Gerstenvollkommehl* ∗ *750 g Rhabarber, Stachelbeeren, Sauerkirschen, rote Johannisbeeren, Aprikosen* ∗ *3 steifgeschlagene Eiweiß* ∗ *¼ l steifgeschlagene Sahne*

Quark, Eigelb und Ahornsirup miteinander gut verrühren, Gewürze und Mehl unterrühren. Vorbereitetes Obst unter die Masse mischen, dann Eischnee und danach die Sahne unterziehen. Auf Teigplatte streichen und backen.

~~~~~~~~~~~~~~~~~~~~~~~

Pizza

Backzeit: 20 Minuten bei 220 °C

Teig: 375 g fein bis mittelfein gemahlenes Weizenvollkommehl ∗ *20 g Hefe* ∗ *knapp ¼ l lauwarme Milch* ∗ *½ TL Salz* ∗ *6 EL Olivenöl* ∗ *2 EL Öl zum Blech*
Grundbelag Salsa Pizzaiola: 4 EL Olivenöl ∗ *2 große, gehackte Zwiebeln* ∗ *2 durchgepreßte oder zerdrückte Knoblauchzehen* ∗ *1 große Dose Tomaten oder 800 g frische, geschälte Tomaten und ⅛ l Wasser* ∗ *1 TL zerriebener Oregano* ∗ *3 EL frisches oder 1 EL getrocknetes Basilikum* ∗ *1 Lorbeerblatt* ∗ *1 TL Salz* ∗ *1 TL Pfeffer aus der Mühle*

Für den Grundbelag die Zwiebeln in Öl glasig bis hellgelb dünsten, Knoblauch und Tomaten zugeben (bei frischen Tomaten Wasser dazufüllen), alles vermischen, mit Oregano, Basilikum, Lorbeerblatt und Salz würzen und auf kleiner Hitze bei offenem Topf 45 Minuten kochen lassen, gelegentlich umrühren. Lorbeerblatt aus der eingekochten Sauce nehmen, mit Pfeffer abschmecken, etwas abkühlen lassen.

Während die Sauce kocht, den Teig zubereiten: Mehl in Schüssel füllen, Hefe in Milch auflösen, an das Mehl gießen, mit Salz und Olivenöl zu eher weichem Teig abschlagen und zugedeckt gehen lassen. Den gegangenen Hefeteig in zwei Portionen teilen, jede Portion auf geöltem Blech gleichmäßig dünn mit geölten Fingern ausdrücken und mit dem Grundbelag bestreichen. Mit speziellen Zutaten nach Wahl belegen:

Belag für Pizza Marinara

400 g Thunfisch oder frisches Fischfilet, in kleine Stücke zerpflückt ∗ *200 g frische oder aufgetaute Krabben* ∗ *4 in kleine Stücke zerteilte Sardellen- oder Anchovisfilets* ∗ *4 EL Zitronensaft* ∗ *4 EL Kapern* ∗ *4 EL frischer, gehackter Dill* ∗ *200 g Reibkäse, davon etwa ⅓ Parmesan* ∗ *4 EL Olivenöl* ∗ *Zitronenspalten*

Thunfisch- oder Fischfiletstückchen, Krabben und Sardellen- oder Anchovisstückchen auf Grundbelag verteilen, Fisch mit Zitronensaft beträufeln. Kapern, Dill und Käse darüberstreuen, mit Olivenöl beträufeln und backen. Pizza in 4 Stücke teilen, mit je 1 Zitronenspalte belegen und sofort servieren.

Hefeteig

Belag für Pizza Salami

*200 g sehr dünn geschnittene Salami-scheiben * 10 entsteinte, halbierte schwarze Oliven * 20 geviertelte Artischockenherzen * 1 grüne, in feine Streifen geschnittene Peperoni nach Belieben * 200 g Reibkäse, davon ⅓–½ Parmesan*

Salamischeiben auf Grundbelag legen, Oliven, Artischocken und Peperoni dazwischenlegen, mit Reibkäse überstreuen, backen und sehr heiß servieren.

Belag für Käse-Pizza

*200 g gebröselter Mozzarella oder grobgeraspelter Emmentaler * 8 EL Parmesan * 20 schwarze, entsteinte, halbierte Oliven (nach Belieben)*

Den Käse auf Grundbelag verteilen, Oliven dazwischenlegen, sofort backen. Die Belagmasse soll beim Servieren noch brodeln.

Belag für Pizza Contadina

*6 mittelgroße, in sehr feine Halbringe geschnittene Zwiebeln * Saft von 2 Zitronen * 400 g in kleine Stücke zerpflückter Thunfisch * 2 EL Kapern * 8 in Viertel zerteilte Artischockenherzen * 8 EL Reibkäse*

Die Zwiebelringe mit Zitronensaft übergießen, mit der Gabel gut vermengen, 15 Minuten ziehen lassen, dann auf dem Grundbelag verteilen. Thunfisch, Kapern und Artischockenherzen darüberlegen, mit Reibkäse bestreuen und backen, direkt aus dem Ofen servieren.

Fränkischer Zwiebelplotz

Backzeit: 40 Minuten bei 220 °C

*Teig: 375 g Weizenvollkornmehl * 20 g Hefe * ⅛ l lauwarme Milch, reichlich * ½ TL Salz * (oder 375–400 g Brotteig, Hefe- oder gesäuerter Brotteig) * 2 EL Öl zum Blech*
*Zwiebelbelag: 250 g durchwachsener, kleingewürfelter Räucherspeck oder 4 EL Pflanzenöl * 1 kg grobgehackte Zwiebeln * 2 EL Kümmel * ½ EL Salz (bei Verwendung von Öl ¾ EL Salz) * ⅛ l saure Sahne * 1 Prise Salz*

Mehl in Schüssel füllen, Hefe in Milch auflösen, mit dem Salz unter das Mehl mischen, zu glattem, mittelfestem Teig abschlagen und zugedeckt gehen lassen.
Die Speckwürfel auf geringer Hitze unter Rühren erwärmen, damit das Fett austreten kann, oder Öl erhitzen. Die vorbereiteten Zwiebeln zugeben. Kümmel und Salz dazugeben, umrühren, Topf zudekken und bei geringer Hitze glasig dünsten, etwas abkühlen lassen. Den gegangenen Teig (oder Brotteig) auf gefettetem Blech gleichmäßig auswellen. Die Zwiebeln darauf verteilen. Den Sauerrahm mit Salz gut verquirlen, über die Zwiebeln gießen und mit Teigkarte glatt streichen, backen und möglichst heiß zu Kartoffelsuppe oder jungem, trockenem Wein servieren.

Backpulverteig

Backpulverteig bietet viele Möglichkeiten der Zusammensetzung: von einfach bis fein, von weich über mittelfest bis fest. Backpulver, das unter Einwirkung von Feuchtigkeit und Wärme Kohlendioxyd freisetzt, bewirkt eine feinporige, gleichmäßige Lockerung. Blechkuchen eignen sich zum sofortigen Verzehr, Formkuchen mindestens 1 Tag vorher backen.

Regeln für die Teigbereitung

▷ Form oder Blech mit flüssiger Butter fetten, mit Mehl, Schrot, Nüssen, Kleie oder Flocken ausstreuen.

▷ Ofen vorheizen.

▷ Butter, die die Grundlage der Schaummasse bildet und Süßmittel und Eier aufnehmen soll, muß immer cremig gerührt werden, bevor Honig, Dicksaft, Sirup usw. und Eier (häufig Eigelb) dazugegeben werden. Deshalb ist es von Vorteil, vor dem Rühren die Butter auf Zimmertemperatur zu erwärmen.

▷ Um beim Rühren Gerinnen der Butter zu verhindern, empfiehlt es sich, die Eier (Eigelb) mit dem flüssigen Süßmittel zu verquirlen, löffelweise der Butter zugeben und jeweils völlig in die Butter einzurühren.

▷ Gewürze und evtl. gemahlene Nüsse an die fertige Schaummasse mischen.

▷ Weizen sehr fein bis mittelfein – je nach Art des Rezeptes – frisch mahlen.

▷ Backpulver immer unter das Mehl oder unter die Nüsse mischen, damit es im Teig gleichmäßig verteilt wird, mit dem Mehl (Nüssen) unter die Schaummasse rühren.

▷ Trockenfrüchte oder Rosinen mit etwas Mehl überpudern, in der Regel nach dem Einarbeiten des Mehls an den Teig mischen.

▷ Flüssigkeit immer kalt mit oder nach dem Mehl zugeben.

▷ Steifen Eischnee und/oder steifgeschlagene Sahne zuletzt unterheben.

▷ Form nur ¾ voll mit Teig füllen und bei 180–200 °C backen.

Regeln für das Backen

▷ Hohe Formkuchen auf der Schiene unter der Mitte, flache Formkuchen (Rehrücken, Ring) auf Mitte oder oberer Mitte backen.

▷ Öffnen des Ofens bei weichen und feinen Backpulverteigen bis zu 40 Minuten nach Backbeginn vermeiden.

▷ Nach dem Backen die Formkuchen erst 10 Minuten abkühlen lassen, dann am Rand lockern, auf Kuchengitter stürzen.

Tips

▷ Formkuchen am besten 1–2 Tage vor Verzehr backen, da die Aromaentwicklung diese Zeit braucht.

▷ Für Blechkuchen und Kleingebäck gilt: Je frischer, desto besser.

▷ Fertig hergestellter Backpulverteig kann, in Alu- oder Weißblechformen verpackt, tiefgefroren werden (bis zu 2 Monate) und nach dem Auftauen wie frischer Teig gebacken werden.

▷ Gebackene Kuchen lassen sich nach dem Auskühlen (unglasiert verpackt) 4–6 Monate tiefgefrieren. Bei Zimmertemperatur auftauen.

Weicher Backpulverteig
Grundrezept

Napfkuchen, Guglhupf

Backzeit: 50–60 Minuten bei 180 °C

*200 g zimmerwarme Butter ∗ 4 Eier im
ganzen oder getrennt ∗ 150 g Ahornsirup
oder flüssiger Honig ∗ 1 TL feingeriebene
Zitronenschale und/oder 1 TL Zimt ∗
500 g feingemahlenes Weizenvollkommehl ∗ 1 P Backpulver ∗ ¹/₁₆ l kalte
Milch ∗ Fett und Mehl für die Form*

Die Butter cremig rühren. Die Eier mit Sirup oder Honig verquirlen und löffelweise unter die schaumige Butter rühren. Mit
Zitrone und/oder Zimt würzen. Mehl mit
Backpulver mischen und abwechselnd
mit der Milch zufügen und zu zähflüssi-
gem Teig verrühren.

Napfkuchen: Den Teig in die vorbereitete
Form füllen, Oberfläche ein wenig glät-

~~~~~~~ **Variationen** ~~~~~~~

Gewürzkuchen: Zusätzlich 1 TL Zimt,
½ TL Nelken, 1 Msp geriebene Muskatnuß, 1 Msp gemahlenen Ingwer und
80 g grobgemahlene Nüsse oder Mandeln zum Teig geben.

Rosinenkuchen: Dem Grundrezept
80–100 g gewaschene, gut abgetropfte
Rosinen und Korinthen, die vor der Zugabe mit einigen Eßlöffeln Mehl bestäubt
wurden, und 4 EL Rum zugeben.

Nuß- oder Mandelkuchen: ⅓ der Mehlmenge durch feingeriebene Nüsse oder
Mandeln ersetzen, evtl. 2 EL bittere Schokoladenraspel zugeben, nach Belieben
Milch gegen Rum oder Arrak austauschen.

ten, sofort backen. Garprobe mit Hölzchen machen. Den fertigen Kuchen etwa
10–15 Minuten abkühlen lassen, dann
am inneren und äußeren Rand mit spitzem Kuchenmesser vorsichtig lockern,
auf ein Gitter stürzen und bis zum Verzehr
mindestens 5–6 Stunden ruhen lassen.

Backpulverteig

Feiner Kaffeekuchen

Backzeit: 35–40 Minuten bei 180 °C

*150 g zimmerwarme Butter * 100 g Birnendicksaft, Ahornsirup oder flüssiger Honig * 2 große Eier * 1 TL feingeriebene Zitronenschale * 150 g feinstgemahlenes Weizenvollkornmehl * 1 TL Backpulver * Butter und Mehl oder Schrot zur Form (Rehrückenform) * 2 EL Zitronensaft, mit 2 EL Rum oder Cognac vermischt zum Tränken*

Butter sehr schaumig rühren. Dicksaft, Sirup oder Honig mit den Eiern gut verquirlen, löffelweise an die schaumige Butter rühren. Zitrone untermischen, Mehl, mit Backpulver vermischt, an die Schaummasse geben, gut mit Kochlöffel unterrühren, sofort in die vorbereitete Form füllen und backen. Danach etwa 5–8 Minuten in der Form abkühlen lassen, Zitronensaftmischung mit Pinsel auftragen, erkalten lassen. Der Kuchen hält sich 2–3 Tage frisch.

~~~ Variationen ~~~

Schokoladenkuchen:
1 EL Kakao zum Mehl und 1 Msp Backpulver mehr zugeben. Nach dem Backen mit 1 EL Ahornsirup, mit 2 EL Zitronensaft vermischt, tränken.
Teekuchen: Mit ½ TL gemahlenen Ingwer, je 1 Prise gemahlene Nelken und geriebener Muskatnuß würzen, nach Belieben mit Rum und Zitronensaft tränken.

~~~~~~~~~

Rehrücken   Foto

Backzeit: 35–40 Minuten bei 180 °C

*150 g zimmerwarme Butter * 125 g flüssiger Honig, Dicksaft oder Ahornsirup * 3 Eigelb * ¼ TL Zimt oder ½ TL Vanillepulver * 2 EL dunkler Kakao * 2 EL Rum * 125 g feingemahlene Nüsse oder Mandeln * 100 g feinstgemahlenes Weizenvollkornmehl * 1 TL Backpulver * 3 steifgeschlagene Eiweiß * Butter und Mehl zur Form * 4 EL Zitronen- oder Orangensaft und 2 EL Rum oder Cognac zum Tränken * 1 Rezept Schokoladenglasur (Seite 72) * 80–100 g geschälte, gestiftelte Mandeln*

Butter schaumig rühren, Süßmittel und Eigelb verquirlen, löffelweise an die Butter rühren. Zimt (Vanille), Kakao und Rum untermischen. Nüsse und Mehl mit Backpulver mischen, an die Schaummasse rühren, Eischnee gründlich unterheben. Teig in vorbereitete Form füllen, backen. Den fertigen Kuchen kurz in der Form abkühlen lassen, dann auf Gitter stürzen, erkalten lassen.

Backpulverteig

Saft-Alkoholgemisch mit dem Pinsel auf den Kuchen tupfen, 15 Minuten einziehen lassen. Schokoladenglasur etwas abkühlen lassen, den Kuchen von der Mitte aus damit übergießen, an den Seiten mit dem Pinsel nachhelfen. Mit Mandelstiften bespicken, bis zum Verzehr mehrere Stunden, besser 1 Tag kühl stellen.

Familienkuchen

Backzeit: ca. 50 Minuten bei 175–180 °C

*500 g flüssiger Honig * 150 g lauwarm zerlassene Butter * 1 EL Zimt * ½ TL Nelken * 3 EL dunkler Kakao * feingeriebene Schale von 1 großen Zitrone * 4 Eier * 200 g feingeschnittene Backpflaumen * 200 g gemahlene Nüsse oder Mandeln * 300 g feingemahlenes Weizenvollkornmehl * 100 g Weizenschrot * 100 g Roggenvollkornmehl * 100 g Hafervollkornmehl * 2 P Backpulver * 2 Becher (0,25 l) Sahne * Fett und Mehl für 2 Kastenformen von 30 und 22 cm Länge*

Honig und Butter zusammenrühren. Falls der Honig erwärmt werden mußte, kann die Butter in Flöckchen zugegeben und unter Rühren darin aufgelöst werden. Zimt, Nelken, Kakao und Zitronenschale untermischen, Eier zugeben, sehr gut in der Masse verrühren, Backpflaumen dazugeben. Alle trockenen Zutaten (Nüsse, die verschiedenen Mehle und Backpulver) miteinander gründlich mischen, dann portionsweise unter die Honigmasse rühren. Zuletzt die steifgeschlagene Sahne unterziehen.

Den fertigen Teig in die Formen (jeweils ⅔ voll) füllen und backen. Garprobe mit Hölzchen machen. Den fertigen Kuchen in der Form 10 Minuten abkühlen lassen, dann an den Rändern lockern und auf Kuchengitter stürzen. Bis zum Verzehr mindestens 4–5 Stunden kühl aufbewahren. Der Kuchen hält sich kühl etwa 1 Woche frisch. Evtl. in Alufolie einschlagen oder in Kuchendose aufbewahren.

Plum-Cake   Foto ▷

Backzeit: ca. 1 Stunde bei 190 °C

*3 Eigelb * 100 g flüssiger Honig oder Rübenkraut * 1 TL Zimt * ½ TL Nelken * feingeriebene Schale von 1 Zitrone und 1 Orange * ½ TL Ingwer * ¼ TL Kardamom * 100 g geriebene und 50 g gehackte Walnüsse * 250 g in feine Streifen geschnittene Trockenpflaumen * 100 g gewaschene Sultaninen, in ¹⁄₁₆ l Rum eingeweicht * 250 g feingemahlenes Weizenvollkornmehl * 1 P Backpulver * ¼ l steifgeschlagene Sahne * 3 steifgeschlagene Eiweiß * Butter und 50 g blättrig geschnittene Nüsse zur Form*

Eigelb mit Süßmittel gut verrühren, Gewürze zugeben, vermischen, Nüsse und Trockenfrüchte samt Rum dazumengen. Mehl mit Backpulver und steife Sahne gründlich unterheben, zuletzt Eischnee unterziehen, in die vorbereitete Form füllen und backen. Den fertigen Kuchen in der Form 15 Minuten ruhen lassen, dann auf Kuchengitter stürzen, erkalten lassen. 2–3 Tage bis zum Verzehr kühl, in Plastikbeutel verpackt, aufbewahren. Hält sich etwa 2 Wochen frisch.

Feiner Sauerkirsch- oder Preiselbeerkuchen

Backzeit: 50–55 Minuten bei 180 °C

*Teig: 150 g zimmerwarme Butter *
*4 Eigelb * 125 g Rübenkraut oder*
*Dicksaft * ½ TL Zimt * 2 EL dunkler*
*Kakao * 80 g feingemahlenes Weizen-*
*vollkommehl * 1 TL Backpulver **
150 g ungeschälte, geriebene
*Mandeln oder Nüsse * 4 steifgeschlagene*
*Eiweiß * Butter und Mehl*
zur Springform
Belag: 750 g entsteinte Sauerkirschen
*oder Preiselbeeren * 3 EL Dicksaft oder*
*Ahornsirup * ½ Zimtstange * ⅛ l Wasser **
1 P Tortenguß (mit ¼ l Fruchtsaft
zubereitet)

Die Butter schaumig rühren, Süßmittel,
mit Eigelb verquirlt, nach und nach zugeben, mit Zimt und Kakao würzen. Mehl
mit Backpulver und Mandeln dazurühren,

Eischnee unterheben, in Form füllen, bakken. Danach gut abkühlen lassen.
Sauerkirschen oder Preiselbeeren mit
Süßmittel und Zimtstange dünsten (bei
Preiselbeeren so lange, bis sie geplatzt
sind), auf Sieb schütten, sehr gut abtropfen lassen. Den ausgekühlten Kuchen damit dicht belegen. Aus dem verbliebenen
Saft (evtl. auf ¼ l auffüllen) Guß bereiten,
den Belag damit überziehen. Mit Schlagsahne servieren.

Feiner Obstkuchen

Backzeit: 35–40 Minuten bei 180– 190 °C

*150 g zimmerwarme Butter * 4 Eigelb,*
*mit ⅛ l Ahornsirup verrührt * fein-*
geriebene Schale von 1 mittelgroßen
*Zitrone * 1 TL Vanillemark * 300 g feinst-*
*gemahlenes Weizenvollkommehl **
*2 TL Backpulver * ⅛ l kalte Milch,*
*knapp * 4 steifgeschlagene Eiweiß*

Backpulverteig

Obstbelag: je 750 g–1 kg geschälte, entkernte, in dünne Spalten geschnittene Äpfel und 50 g gewaschene Sultaninen oder gewaschene, geputzte Stachelbeeren oder gewaschene, entsteinte, halbierte Aprikosen

Die Butter gut cremig rühren, Eigelb mit Ahornsirup dazugeben, schaumig rühren, Geschmackszutaten zugeben. Mehl, mit Backpulver vermischt, abwechselnd mit der Milch einarbeiten. Der Teig soll noch streichfähig sein. Eischnee unterheben. Den Teig 1½ cm dick auf gut gefettetes Blech streichen, dicht und gleichmäßig mit Obst belegen, sofort backen. 15 Minuten abkühlen lassen, in Portionen schneiden. Evtl. mit Honigwasser glasieren.

Feiner Schlupfkuchen

Foto Seite 31

Backzeit: 35–40 Minuten bei 190 °C

*Teig: 150 g zimmerwarme Butter * 4 Eigelb, mit 100 g Ahornsirup verrührt * ½ TL feingeriebene Zitronenschale * 180 g feingemahlenes Weizen- oder Dinkelvollkornmehl, leicht ausgesiebt * 1 TL Backpulver * 4 Eiweiß * 1 Prise Salz * ½ TL Zitronensaft * 1 EL Ahornsirup * Butter oder Pflanzenmargarine zur Form oder Backblech*
Obstbelag: je 750 g geschälte, entkernte, in Viertel geschnittene Äpfel oder gewaschene, entsteinte, halbierte Aprikosen bzw. Zwetschgen oder gewaschene, entsteinte Sauerkirschen oder gewaschene, geputzte Stachelbeeren bzw. rote Johannisbeeren oder entfädelter, in 3–4 cm lange Stücke geschnittener Rhabarber

Die Butter cremig rühren, Eigelb und Sirup nach und nach zugeben, mit Zitronenschale würzen. Mehl und Backpulver dazurühren. Eiweiß mit Salz und Zitronensaft steif schlagen, Sirup unterziehen und sorgfältig mit dem Teig vermischen. Teig auf vorbereitetes Blech oder in die Form füllen, glattstreichen. Die Früchte gleichmäßig darauf verteilen, sofort backen. Den fertigen Kuchen etwas abkühlen lassen, dann (beim Backen auf dem Blech in Portionsstücke, beim Backen in der Form im ganzen) auf Kuchenplatte setzen. Bei saftigen Früchten sollte der Kuchen am selben Tage verzehrt werden, da er leicht durchfeuchtet.

Quarkölteig – Fester Backpulverteig
Grundrezept

*7 EL Pflanzenöl oder 150 g cremig gerührte Butter * ¼ TL Salz * 1 Ei * 3 EL Ahornsirup * 1 TL feingeriebene Zitronenschale * 200 g Quark * 400 g feingemahlenes Weizenvollkornmehl, evtl. etwas mehr * 1 P Backpulver*

Öl oder cremige Butter mit Salz, Ei, Ahornsirup und Zitronenschale verrühren, Quark zugeben. Mehl und Backpulver mischen, zur Hälfte an den Teig rühren, zweite Hälfte ebenfalls zufügen und auf Backbrett unterkneten, sehr glatten Teig herstellen, kühlen.

~~~~~~~~~ **Variation** ~~~~~~~~~
Für pikante Bäckerei statt Süßmittel mit 100 g Reibkäse abschmecken.
~~~~~~~~~~~~~~~~~~~~~~~~

44

Mürbteig

Mürbteig ist in seiner typischen Zusammensetzung ein mittelfester Teig, der mit hohem Butteranteil, mit mittlerer bis geringer Süße (oder salzig-pikant) und mit wenig Flüssigkeit zubereitet wird.

Regeln für die Teigbereitung
▷ Den Weizen (oder Dinkel) erst schroten, dann sehr fein mahlen.
▷ Nur frische, gut gekühlte, in Scheiben geschnittene Butter verwenden, mit großem Messer unter das Mehl hacken.
▷ Mit den Händen rasch abbröseln, zu Haufen zusammenschieben.
▷ Geschmackszutaten darüberstreuen.
▷ Ei und Süßmittel verquirlen, mit Gabel locker unter den Teig mischen.
▷ Alles rasch unter Zugabe von Flüssigkeit zusammenkneten.
▷ Teig in Folie wickeln oder in Schüssel legen, zudecken, kühlen, bis der Teig fest geworden ist.

Regeln für das Backen
▷ Ofen immer vorheizen
▷ Blech oder Springform nur mit fettigem Butterpapier abreiben.
▷ Teig nur auf kaltes Blech (oder Springform) legen.
▷ Gebäck nur goldbraun werden lassen. Zu starke Bräunung erzeugt bitteren Geschmack.
▷ Kuchenböden in der Form erst 10 Minuten abkühlen lassen, dann auf Kuchengitter legen.
▷ Plätzchen sofort vom Blech nehmen.

Tips
▷ Kuchenböden frisch verwenden.
▷ Plätzchen vor Verzehr einige Tage kühl lagern. Gebäckdosen müssen dicht schließen.

▷ Kuchenböden und Torteletts lassen sich 3–4 Monate einfrieren. Nach dem Backen lauwarm verpacken. Nach dem Auftauen im Herd bei 130°C nochmals 15 Minuten kroß werden lassen.

Mürbteig
Grundrezept

*250 g feingemahlenes Weizenvollkornmehl * 1 Prise Salz * ½ TL feingeriebene Zitronenschale oder Mark einer Vanilleschote oder 1 Prise Zimt * 125 g kalte Butter, in Scheiben geschnitten * 2 EL Ahornsirup, Dicksaft oder Honig, mit 1 Ei verquirlt * etwa 2 EL Rum, Wein, saure oder süße Sahne, Milch oder Wasser*

Mürbteig

Mehl auf Backbrett häufen, Salz und Geschmackszutaten untermischen, Butterstückchen mit großem Messer oder Kuchenpalette in das Mehl einhacken, dabei jeweils von außen nach innen arbeiten, dann mit den Händen rasch abbröseln. Mischung zusammenschieben, Sirup und Ei mit Gabel untermengen, Teig rasch zusammenkneten und dabei nur so viel Rum, Wein o. ä. zugeben, wie der Teig

46

leicht aufnimmt, er darf nicht klebrig sein. Teigballen in Folie einschlagen oder in eine Schüssel legen und zugedeckt im Kühlschrank ruhen lassen. Der Teig ist dann richtig gekühlt, wenn er sich fest anfühlt und nicht mehr ölig aussieht. Erst in diesem Zustand läßt er sich gut weiterverarbeiten.

~~~~~~~ **Variationen** ~~~~~~~

Den Teig ohne Ei herstellen, dafür etwa 2–3 EL Flüssigkeit (Rum, Wein, Sahne, Milch) mehr zugeben.

Marzipanmürbteig: 100 g Honigmarzipan einarbeiten, dafür Buttermenge um 30–50 g kürzen.

Nuß-Mandelmürbteig: ¼–⅓ Mehlmenge durch feingeriebene Mandeln oder Nüsse ersetzen.

~~~~~~~~~~~~~~~~~~~~~~~~~~~~~

Kuchenboden

Backzeit: 30–35 Minuten bei 190 °C

*1 Rezept Mürbteig (Seite 45) * Backtrennpapier oder Pergamentpapier * 250 g Trockenerbsen oder -bohnen (zum Blindbacken)*

Backbrett mit wenig Mehl bestäuben, den gekühlten Teig mit leichter Hand rund bis Formgröße auswellen, in Größe des Formbodens zurechtschneiden. Teigplatte locker zusammenfalten, in die Form legen, auseinanderfalten, leicht andrücken. Entweder aus Teigrest Streifen von 2 cm Breite bzw. Rolle in Größe des Formumfangs herstellen, in die Form legen, leicht andrücken, evtl. mit Messerrücken leicht einkerben. Oder aus dem Teigrest zwei gleich lange, dünne Rollen formen, zu

Mürbteig

Gedeckter Apfelkuchen
Blechkuchen

Backzeit: 40–50 Minuten bei 190 °C

*Teig: 400 g sehr fein gemahlenes Weizenvollkornmehl * ½ TL Back-pulver * 1 Msp Salz * ½ abgeriebene Zitronenschale * 200 g kalte Butter, in Stückchen geschnitten * 2 Eier, mit 3 EL Ahornsirup oder 2 EL Birnen-dicksaft verquirlt * 2–3 EL Sahne, Milch oder Rum * 1 Ei, mit 2–3 EL Milch verquirlt, zum Bestreichen*
*Füllung: 1,5 kg säuerliche Äpfel * ¼ TL Zimt * 200 g Rosinen und/oder Korinthen * 100 g grobgehackte Nüsse oder Mandeln*

Kordel drehen und als Rand legen, En-den sorgfältig miteinander verbinden. Den Teigboden mehrmals mit der Gabel einstechen, um Blasenbildung zu verhin-dern, backen, bis Rand und Teigoberflä-che einen goldbraunen Hauch angenom-men haben.

Zum *Blindbacken* den Tortenboden mit Pergament- oder Backtrennpapier bele-gen, die Trockenerbsen oder -bohnen daraufüllen, backen.

Den gebackenen Boden 5 Minuten ruhen lassen, Erbsen bzw. Bohnen herausschüt-ten (zu nochmaliger Verwendung aufbe-wahren), Papier vorsichtig abziehen. Mit spitzem Messer vorsichtig am Rand ent-langfahren, Rand abnehmen, vorsichtig vom Boden lösen, mit Kuchenpalette vor-sichtig auf flache Unterlage setzen, damit sich der noch warme Kuchenboden nicht verformt. Bis zum Belegen gut auskühlen lassen.

Mehl, Backpulver, Salz und Zitronenscha-le auf Backbrett mischen, Butter unter-hacken, rasch abbröseln, Eier und Sirup mit Gabel untermengen, Sahne zugeben, zu glattem Teig kneten, 1–2 Stunden kühlen. Für die Füllung die Äpfel schälen und raspeln, mit Zimt den gewaschenen Rosinen und den Nüssen vermischen.

Teig in zwei Hälften teilen, davon die er-ste als Teigplatte in Blechgröße gleich-mäßig dick auswellen, locker zusammen-falten, auf Blech heben und wieder aus-einanderfalten, Teigränder seitlich hoch-drücken, begradigen.

Die Füllung gleichmäßig auftragen, mit Teigkarte oder der flachen Hand leicht andrücken. Zweite Teighälfte in Blech-größe auswellen, locker zusammenfalten, auf die Füllung legen, sofort wieder aus-einanderfalten, Teigplatte am Rand leicht andrücken. Deckplatte und Rand mit ver-quirltem Eigelb bepinseln, backen.

Mürbteig

Obstkuchen mit Gitter

Backzeit: 40–45 Minuten bei 210 °C

1 Rezept Mürbteig (Seite 45) ✳
4 EL Rum oder Wasser und
2 EL Honig oder Ahornsirup
(bei Rhabarberkuchen 1 EL Honig
oder Sirup mehr) zum Bestreichen

Obstbelag: 750 g geschälte, grob geras-
pelte oder in feine Spalten geschnittene
Äpfel oder dickflüssiges Apfelmus, mit
Zitrone oder etwas Zimt abgeschmeckt
und mit 50 g Sultaninen, Rosinen oder
Korinthen vermischt, oder je 750 g ent-
steinte, geviertelte Zwetschgen oder ent-
steinte, halbierte Aprikosen oder entfä-
delten, in 2–3 cm lange Stückchen ge-
schnittenen Rhabarber

Zwei Drittel der Teigmenge mit etwas
feingeschrotetem Weizen, Dinkel, Gerste
oder Hafer etwa 2 cm größer als die
Form auswellen, leicht zusammenfalten,
auf Formboden legen, Rand seitlich etwa
2 cm hochdrücken. Äpfel oder Apfelmus
auf den Kuchenboden füllen. Oder Aprikosen, Zwetschgen oder Rhabarber dicht
aneinander auf Kuchenboden legen.
Restlichen Teig etwas größer als die
Form dünn auswellen, in 6–8 1½–2 cm
breite Streifen schneiden oder radeln, die
Obstfüllung damit gitterförmig belegen.
Von den Teigresten Rolle formen, Rand
damit bilden, nach Belieben einkerben,
backen. Den fertigen Kuchen mit in Alkohol gelöstem Honig bestreichen, dabei
besonders die Obstfüllung beträufeln.
Nach 10 Minuten vorsichtig aus der Form
nehmen, auf Kuchenplatte setzen, möglichst frisch servieren.

Linzer Torte

Backzeit: 45–50 Minuten bei 190–200 °C

200 g Weizenvollkornmehl ✳
200 g ungeschälte, feingeriebene
Mandeln oder Nüsse ✳ 2 TL Kakao ✳
1 Msp Backpulver ✳ ½ TL Zimt ✳
¼ TL Nelken ✳ 1 Prise Muskatnuß ✳
etwas abgeriebene Zitronenschale ✳
200 g kühle Butterstückchen ✳ 1 Ei, mit
2–3 EL Bimendicksaft oder Ahornsirup
verquirlt ✳ 250 g säuerliche, dicke
Marmelade oder eingedicktes Frucht-
mark, mit Honig gesüßt, mit 1–2 EL
Zitronensaft abgeschmeckt ✳
1 Eigelb, mit 2 EL Sahne oder Milch
verrührt

Alle trockenen Zutaten und Zitronenschale auf Backbrett mischen, mit Butter abbröseln, Ei und Dicksaft untermengen
und rasch zu glattem Mürbteig abkneten,
gut kühlen. Zwei Drittel des Teiges mit
wenig Mehl etwa 2 cm größer als Boden
der Form auswellen, in die schwach gefettete Form legen, seitlichen Rand von
1½–2 cm hochdrücken und begradigen.
Marmelade gleichmäßig dick auf dem
Boden verteilen.
Restlichen Teig ca. 2–3 mm dick auswellen, in 1½–2 cm breite Streifen schneiden oder radeln, damit den Kuchen rautengit-
terartig belegen. Aus verbleibenden Teigresten dünne Rolle formen, als Abschluß-
rand rundum auf den Kuchen legen, evtl.
mit Einkerbungen verzieren. Oder von
dem ausgewellten Teig Halbmonde ausstechen, diese (statt der Teigstreifen) in
Gitterform auf die Füllung legen. Der Vorteil dieser Methode ist ein rasches, gleich-
mäßiges Durchbacken, da hierbei keine

Mürbteig

doppelten Teiglagen zustandekommen. Den Rand aus Teigstreifen oder schuppenförmig aufgelegten Halbmonden bilden. Gitter bzw. Halbmonde und Rand mit verquirltem Eigelb bestreichen, backen. Danach kurz in der Form abkühlen lassen, vorsichtig von Rand und Boden lösen, auf flache Kuchenplatte setzen. Bis zum Verzehr mindestens 1 Tag stehen lassen. Bei kühler, trockener Aufbewahrung 1 Woche haltbar.

Farmer's Pie

Backzeit: 50–60 Minuten bei 175 °C

*Teig: 250 g feinstgemahlenes Weizenvollkornmehl, * 100 g ungehärtetes Pflanzenfett * 80 g gut gekühlte Butter * 1 Msp Salz * 1 Prise geriebene Muskatnuß * etwas abgeriebene Zitronenschale * 7–8 EL eisgekühltes Wasser * 4–6 EL Rum zum Beträufeln * 1 Eigelb, mit 3 EL Milch verquirlt, zum Bestreichen*
*Belag: 150 g entsteinte Backpflaumen * 200 g entsteinte Trockenaprikosen * ⅜ l Wasser, evtl. etwas mehr * 1 Zimtstange (4–5 cm) * 2 Gewürznelken * 100 g grobgehackte Walnußkerne * 100 g zerlassene Butter * 2 EL Honig oder Ahornsirup*

Mehl, Pflanzenfett, Butter und Gewürze auf Backbrett miteinander verhacken, rasch abbröseln, Wasser nach und nach zugeben, alles zu glattem Teig kneten und mindestens 1 Stunde zugedeckt kühl ruhen lassen.

Die Trockenfrüchte halbieren, mit Wasser und Gewürzen in passenden Topf geben (die Früchte müssen gut vom Wasser bedeckt sein), zum Kochen bringen, etwa 5 Minuten auf kleiner Hitze kochen, beiseite stellen. Nach 30 Minuten abseihen, gut abtropfen lassen, Gewürze entnehmen. Die abgetropften Früchte mit Nüssen, Butter und Honig vermischen.

Den Teig in eine größere und eine kleinere Hälfte teilen. Die größere Hälfte etwa 3 cm mehr als Formgröße auswellen, Teig rasch zusammenfalten, in die leicht eingefettete Pie- oder Springform legen, seitlichen Rand 2–3 cm hochdrücken.

Den Belag auf den Teigboden geben, gleichmäßig verteilen. Die zweite Teighälfte auswellen, 6–8 Gitterstreifen von ca. 2–3 cm Breite ausradeln, diagonal rautenförmig auf die Früchte legen. Aus dem Teigrest Rolle formen, am Rand entlang legen, mit dem Messerrücken schräg einkerben. Teiggitter und -rand mit Eigelb bestreichen, backen. Danach mit Rum beträufeln. Heiß oder lauwarm (am besten mit ungesüßter Schlagsahne) als Nachtisch oder zum Tee reichen.

Mürbteig

Salziger Mürbteig

300 g Weizenvollkornmehl *
150 g kalte Butter in Scheiben *
½ TL Salz * *Pfeffer aus der Mühle,*
nach Geschmack * *abgeriebene*
Zitronenschale, nach Belieben *
2 kleine Eier

Mehl auf Backbrett häufen, Butter mit großem Messer oder Kuchenpalette einhacken, kurz abbröseln, Mischung zusammenschieben. Salz und Pfeffer und Zitronenschale über die Brösel streuen, verquirlte Eier untermengen, alles rasch zu glattem Teig kneten, in Folie eingeschlagen oder in zugedeckter Schüssel bis zu Verwendung kühl stellen.

~~~~~~~~~ **Variation** ~~~~~~~~~
Käsemürbteig: 100 g geriebenen Käse zugeben, dafür die Mehlmenge um 60–80 g kürzen.
~~~~~~~~~~~~~~~~~~~~~~~~~

Quiche

Backzeit: Vorbacken 15–20 Minuten bei 200 °C, Fertigbacken ca. 45–50 Minuten bei 220 °C

1 Rezept salziger Mürbteig (siehe oben) *
etwas Fett für die Form

Teigboden in Größe einer Torten-, Cake- oder Pieform 3–4 mm dick auswellen, Form damit auslegen, seitlich einen etwa 4 cm hohen Rand bilden. Den Teigboden mehrmals mit Gabel einstechen, vorbacken. Auf dem vorgebackenen Boden die nach Wahl hergestellte Füllung verteilen, nach Rezeptangabe mit Reibkäse oder

Butterflöckchen belegen, fertigbacken. Sollten sich während des Backens Blasen bilden, diese mit Nadel oder Hölzchen aufstechen. Nach dem Backen einige Minuten die Quiche im geöffneten, noch warmen Backofen stehen lassen, danach warm servieren, erst bei Tisch zerteilen. Als Getränk paßt besonders gut trockener Weißwein.
Die Rezeptmenge reicht als Hauptgericht für 4 Personen, als Vorspeise für 6–8 Personen.

~~~~~~~~ **Variation** ~~~~~~~~~
Statt Mürbteig läßt sich auch Hefeteig verwenden. Auch dieser Teig muß vorgebacken werden.
~~~~~~~~~~~~~~~~~~~~~~~

Lauch-Schinken-Füllung

2 EL kaltgeschlagenes Olivenöl *
400 g in dünne Ringe geschnittener Lauch * *4 EL Weißwein* *
100 g magerer, gekochter Schinken, in feine Streifen geschnitten *
100 g Magerquark * *4 EL milder, grobgeraspelter Käse, wie Tilsiter, Edamer, Gouda* * *3 ganze, verquirlte Eier* * *⅜ l Sahne* * *4 EL grobgehackte Petersilie und Schnittlauch* * *Salz* * *Pfeffer aus der Mühle* * *1 Prise frisch gemahlene Muskatnuß* * *1 EL Butterflöckchen*

Lauchringe in Olivenöl andünsten, mit Weißwein ablöschen, abkühlen lassen. Schinkenstreifen untermischen. Magerquark, Reibkäse, Eier und Sahne miteinander verquirlen, an die Lauch-Schinken-Masse mischen. Mit Petersilie, Schnittlauch, Salz, Pfeffer und Muskat mildwürzig abschmecken. Auf Teigboden füllen. Vor dem Backen mit Butterflöckchen belegen.

Mürbteig

Spinatfüllung

750 g frischer Blattspinat (junge
*Brennesseln oder Mangold) *
*3 EL kaltgeschlagenes Olivenöl *
*2 mittelgroße, feingehackte Zwiebeln *
250 g blättrig geschnittene Champig-
*nons * 3 Eier, mit ⅜ l Sahne verquirlt *
*1 durchgepreßte Knoblauchzehe *
*Salz * Pfeffer aus der Mühle *
*1 Prise frisch geriebene Muskatnuß *
*2 EL Reibkäse *
1 EL Butterflöckchen

Blattspinat in wenig kochendem Wasser portionsweise jeweils etwa 2 Minuten blanchieren, gut auf Sieb abtropfen lassen. Die Zwiebeln im Olivenöl auf mittlerer Hitze glasig dünsten, die Champignons kurz mitdünsten, alles abkühlen lassen. Gemüse grob hacken, unter die Pilze und Zwiebeln mischen, Eier, Sahne und Knoblauch zugeben, mit Salz, Pfeffer und Muskatnuß mild abschmecken, auf den Teigboden füllen, mit Reibkäse und Butterflöckchen belegen.

Mürbteig

Quark-Kräuter-Füllung

*100 g grobgehackte Kresse * je*
1 EL feingehackte Petersilie, Basilikum,
*Majoran, Dill * 2 durchgepreßte*
*Knoblauchzehen * 350 g Sahnequark *
*¹⁄₁₆ l Sahne * 4 Eigelb * 4 EL Reibkäse *
*Salz * Pfeffer aus der Mühle *
*4 steifgeschlagene Eiweiß *
*1 EL Reibkäse * 1 EL Butterflöckchen*

Kresse, die anderen Kräuter und Knoblauch unter den Quark mischen, mit Sahne glattrühren. Eigelb und Reibkäse zugeben, alles gut verrühren, pikant abschmecken. Steifen Eischnee unterziehen, auf Teigboden füllen. Oberfläche mit Reibkäse bestreuen, mit Butterflöckchen belegen.

Speckfüllung Lorraine

*2 EL kaltgeschlagenes Olivenöl *
200 g geräucherter, magerer Speck
*in dünnen Scheiben * 1 große,*
*grobgehackte Zwiebel * ⅜ l Sahne,*
*reichlich * 3 ganze Eier * Salz *
*Pfeffer aus der Mühle *
je 2 EL Petersilie, Schnittlauch und
*Dill, alles grob gehackt *
1 EL Butterflöckchen

Die Speckscheiben in heißem Olivenöl beidseitig leicht anbräunen, Teigboden damit belegen, 2–3 Scheiben für Garnitur zurückbehalten. Boden der Quiche mit den Speckscheiben im vorgeheizten Ofen 10 Minuten bei 220 °C vorbacken. Die Zwiebel im Bratfett der Speckscheiben glasig dünsten, auf dem vorgebackenen Boden über die Speckscheiben verteilen. Sahne und Eier miteinander verquirlen. Mit Salz, Pfeffer und Kräutern würzen. Die Mischung auf den Boden gie-

ßen. Die Quiche bei 210–220 °C etwa 30 Minuten backen. Etwa 8 Minuten vor beendeter Backzeit die zurückbehaltenen Speckscheiben als Garnitur auflegen, Butterflöckchen darauf verteilen, fertigbacken.

Tomatenfüllung

*2 EL kaltgeschlagenes Olivenöl *
*350 g in Ringe geschnittene Zwiebeln *
*500 g enthäutete, geviertelte Tomaten *
*2 EL Rotwein * 1 Lorbeerblatt *
*2 durchgepreßte Knoblauchzehen *
*2 feingehackte Sardellen *
*3 Eier, mit ¼ l Sahne verquirlt *
3 EL geriebener Emmentaler,
*Gouda oder Parmesan * Salz *
*Pfeffer aus der Mühle *
*6 entsteinte, geviertelte Oliven *
2 EL Reibkäse

Zwiebelringe in Öl glasig dünsten, Tomaten zugeben, unter Rühren bei intensiver Hitze mit Rotwein und Lorbeerblatt so lange weiterdünsten, bis die Flüssigkeit weitgehend reduziert ist. Vom Herd nehmen, Knoblauch zugeben, Masse abkühlen lassen. Dann Lorbeerblatt entnehmen. Sardellen (nach Belieben) sowie verquirlte Eier und Reibkäse untermischen, pikant abschmecken. Vor dem Backen mit Oliven und Reibkäse belegen.

Blätterteig

Blätterteig, eine typische Kreation der klassischen Küche, ist auf verschiedene Weise und in verschiedener Zusammensetzung mit Weizenvollkornmehl sehr gut herstellbar. Kennzeichnend ist ein hoher Gehalt an Butter im Verhältnis zum Mehl und das Fehlen von Ei und Süße. Die geschmacksneutralen Blätterteige sind sowohl für süße wie auch für salzige Beläge und Füllungen verwendbar.

Die Lockerung – besser das Aufgehen – der Blätterteige erfolgt durch eine spezielle Behandlungstechnik des rohen Teiges, das »Tourengeben« oder »Tourenschlagen«. Dabei entstehen Schichtungen, die durch die eingelagerte Butter miteinander verbunden werden. Der nach jeder Tour zwischengeschaltete Kühlprozeß ist für die Teigbeschaffenheit sehr wichtig.

In der Hitze des Backofens werden die vorbereiteten Teigschichten durch die eingeschlossene Luft, die schmelzende Butter und durch die in Dampf übergehende Teigfeuchtigkeit abgehoben und bilden blättrige Lagen. Der hohe Anteil an frischer Butter verleiht dem Gebäck schöne Farbe und Wohlgeschmack.

Regeln für die Teigbereitung

▷ Weizen erst mittelgrob schroten, dann sehr fein mahlen.

▷ Bei Echtem Blätterteig den begleitenden Teig glatt und elastisch kneten.

▷ Nur frische, gut gekühlte, ungesalzene Butter verwenden.

▷ Butterstück (Butterziegel) rasch zusammenkneten, sehr gut vor Weiterverarbeitung kühlen.

▷ Dem Teig 5–6 Touren geben, Teigstück mit Nudelholz mehr klopfen als rollen, dabei möglichst wenig Mehl dazustreuen.

Regeln für das Backen

▷ Ofen immer auf 200–220 °C (bei größerem Gebäck) vorheizen.

▷ Über die Außen- und Innenränder von Blätterteig kein Eigelb rinnen lassen, um Verkleben zu verhindern.

▷ Blech vor dem Belegen gut kühlen, vor dem Backen auf die unbelegten Flächen etwas kaltes Wasser (zur Dampferzeugung) spritzen.

▷ Backofentüre während des Backens nicht öffnen.

▷ Nur goldgelb bis braun backen lassen, da zu stark gebackener Blätterteig bitter schmeckt.

Tips

▷ Blätterteig schmeckt am besten im ofenfrischen Zustand.

▷ Der rohe Teig ist – in Folie verpackt – mehrere Tage im Kühlschrank haltbar.

▷ Einfrieren von Blätterteig: Entweder 2 cm dickes, ganzes Teigpaket in Alufolie oder Plastikbeutel verpacken. Oder einzelne, länglich ausgewellte Blätter (oder Streifen) zusammenfalten und vorgefrieren, dann in Folie verpacken und tiefgefrieren. Er ist 2–3 Monate haltbar und muß vor Verwendung etwa 1 Stunde bei Zimmertemperatur aufgetaut werden.

▷ Fertiges Gebäck zum Tiefgefrieren lauwarm verpacken, 2 Monate aufbewahren. Vor Verwendung im vorgeheizten Ofen bei 150 °C aufbacken.

Blätterteig

Echter Blätterteig
Grundrezept

*Butterstück: 250 g frische, in Scheiben
geschnittene, kühle Butter * 70 g feinstgemahlenes Weizenvollkornmehl
Teig: 180 g feinstgemahlenes oder
ausgesiebtes Weizenvollkornmehl *
¼ TL Salz * ¹⁄₁₀ l kaltes Wasser,
evtl. etwas mehr * 1 EL Obstessig *
1 kleines Ei*

Butter mit Mehl auf Backbrett mit großem Messer verhacken, dann rasch abbröseln und zusammenkneten, daraus ein
8 cm breites, 20 cm langes Butterstück
formen, auf Platte in den Kühlschrank legen, fest werden lassen.

Zum Teig das Mehl auf Backbrett häufen,
in die Mitte Grube machen, Salz darüberstreuen. Wasser und Obstessig mit Gabel
in der Grube breiig verrühren, Ei verquirlen und ebenso untermischen, dann alles
zusammenmischen und zu glattem Teig
kneten, evtl. etwas Wasser teelöffelweise
zugeben. Alles so lange kneten, bis ein
sehr elastischer Teig entstanden ist. Diesen zur Kugel formen und zugedeckt
15–20 Minuten ruhen lassen.

Das gut gekühlte Butterstück auf bemehltes Backbrett legen, ½ EL Mehl darauf-
streuen und mit Nudelrolle auf etwa dop-
pelte Breite auswellen, dabei zügig arbeiten, weil das Butterstück schnell weich
wird.
Die Teigkugel kreuzweise einschneiden
und 20–22 cm lang und dreimal so breit
wie das Butterstück auswellen. Butterstück auf die Mitte legen und den Teig
darüber so zusammenschlagen, daß an
den Längsseiten des Butterstückes
2–3 cm Luft bleiben und die Teigenden

(auf der Mitte) sich um nur ca. 2–3 cm
überlappen. Den Teig wie folgt bearbeiten:
1. Tour: Von der Mitte ausgehend den
Teig in beide Richtungen zu den offenen
Seiten hin mit kurzen Bewegungen mehr
klopfen als auswellen, so daß ein langes
Band entsteht. Dieses Band dreifach zusammenfalten und kühlen, bis der Teig
wieder fest geworden ist.

2. Tour: Wieder von der Mitte ausgehend den Teig nach den beiden offenen Seiten hin bis auf 1 cm Dicke auswellen, Teig wieder dreifach zusammenlegen und kühlen.

Dieses Verfahren noch mindestens 3 mal wiederholen, dazwischen immer gut kühlen.

Pasteten, Torteletts, Fleurons

Backzeit: Pasteten 20–25 Minuten bei 220 °C, Deckel und Ringe etwa 12 Minuten bei 220 °C

*1 Rezept Echter Blätterteig (Seite 54) *
*kaltes Wasser zum Bestreichen *
1 Eigelb, mit 4 EL Milch verquirlt

Pasteten: Den vorbereiteten, gut gekühlten Teig in 3 Portionen ½ cm dick ausrollen. Nacheinander 8–10 Böden von etwa 8 cm Ø ausstechen, sofort auf kalt abgespültes Blech setzen, mit Gabel 2–3 mal einstechen. Aus dem restlichen Teig nacheinander nochmals 16–20 gleich große Plätzchen zu Ringen ausstechen. Die Böden am Rand mit kaltem Wasser bestreichen, je einen Ring auflegen, Blech mit kaltem Wasser besprühen und sofort backen, bis der untere Rand (Boden) der Pasteten goldbraun ist. Die restlichen Ringe und alle Deckel (= die ausgestochene Ringmitte) auf ein zweites, kalt abgespültes Blech legen, vorsichtig mit verquirltem Eigelb (das nicht am Rand herunterrinnen darf, weil sonst die Teigschichten nicht »blättern« können) bestreichen, bis zum Backen kühl stellen, dann goldgelb backen. Nach dem Bak-

ken Pasteten vorsichtig vom Blech nehmen, von den nachgebackenen Ringen auf jede Pastete noch einen auflegen, abkühlen lassen. Vor dem Füllen im vorgeheizten Backofen bei 150 °C wieder erwärmen. Oder nach dem Backen nur wenig abkühlen lassen, beliebig pikant füllen und sofort servieren.

Torteletts: Die beim Ausstechen der Pasteten verbliebenen Reste aufeinanderlegen, mit Wellholz leicht zusammendrükken. Oder frischen Blätterteig auf ½–¾ cm Dicke auswellen, etwa 15 Törtchen ausstechen, mit Gabel mehrmals einstechen, auf kalt abgespültes Blech legen, goldgelb backen. Danach vorsichtig vom Blech nehmen, nach dem Erkalten mit frischem oder konserviertem Obst belegen, nach Belieben mit Gelatineguß überziehen. Möglichst frisch servieren.

Fleurons: Aus den verbliebenen Teigresten Halbmonde ausstechen, mit Eigelb bestreichen, goldgelb backen, warm zu feinem Gemüse oder zu Wein servieren.

Quarkblätterteig
Grundrezept

*250 g feinstgemahlenes Weizenvollkommehl * ½ TL Backpulver, nach Belieben * ¼ TL Salz * 180 g blättrig aufgeschnittene, kühle Butter * 200 g Magerquark*

Mehl, Backpulver und Salz auf Backbrett vermengen, Butter dazugeben, locker vermischen oder mit Messer einhacken. Quark zugeben und alles rasch zu glattem Teig kneten, eine Kugel daraus formen, in Folie einschlagen und bis zum Gebrauch gut kühlen.

Foto oben: Königin-Pasteten, mit Leipziger Allerlei gefüllt. Weitere geeignete Füllungen: Gedünsteter, in Butter geschwenkter Brokkoli; Lauch-, Fenchel-, Spargel- oder Schwarzwurzelgemüse in leichter, heller Sauce, zart gedünstete Champignons, Pfifferlinge, Steinpilze oder Pilzragout.

Blätterteig

Gemüserolle Wellington

Backzeit: ca. 20 Minuten pro Blech
bei 220 °C

*1 Rezept Echter Blätterteig oder
Quarkblätterteig (Seiten 54, 56) *
1 Eigelb, mit 4 EL Milch oder
Sahne verquirlt, zum Bestreichen
Füllung: 2 EL Pflanzenöl * 400 g frische,
blättrig geschnittene Champignons oder
gemischte frische Pilze (Pfifferlinge,
Steinpilze usw.) * 250 g in feine Ringe
geschnittener Lauch * 250 g blanchierter,
gehackter, sehr gut abgetropfter Blattspinat oder Mangold * 2 gehackte,
hartgekochte Eier * 1 feingehackte
oder zerdrückte Knoblauchzehe *
1¼ TL Salz * Pfeffer aus der Mühle *
1 Prise Muskat * 2 EL Weißwein oder
trockener Sherry*

Den gut gekühlten Teig auf Backbrett
½–¾ cm dick auswellen, in Rechtecke
von 12 × 10 cm schneiden, nochmals
kühl stellen.
Füllung: Öl erhitzen, die Pilze unter Rühren darin etwa 3 Minuten andünsten, herausnehmen, auf Teller füllen. Lauch im
restlichen Pilzsaft unter Rühren glasig
dünsten, beiseite stellen, abkühlen lassen.
In Schüssel Pilze, Lauch und Spinat mit
gehacktem Ei vermischen, mit Salz, Pfeffer, Muskat und Weißwein abschmecken.
Die Mitte der Teigstücke jeweils mit
2 Eßlöffeln Füllung belegen, etwas flach
drücken und die beiden Seitenteile nach
der Mitte hin darüberschlagen, oben und
unten mit Gabelzinken die Ränder »ver-
schließen«. Rollen auf kaltes Blech legen,
mit verquirltem Eigelb bestreichen. Aus
Teigresten Verzierungen ausstechen oder
formen (Blüten, Blätter, Pilze usw.), auf
die Rolle legen, ebenfalls mit Eigelb bestreichen und backen. Heiß servieren.

~~~~~~ **Variationen** ~~~~~~
Statt der kleinen aus dem Teig eine oder
zwei große Rollen machen, auf feuerfe-
ster Platte oder in flacher Auflaufform
backen.
In die Füllung etwa 150 g Schinkenstreifen oder vorgedünstetes Hackfleisch oder
Bratenreste geben, Pilzmenge dafür reduzieren.
Füllung mit 2–3 El Reibkäse abschmek-
ken.
~~~~~~~~~~~~~~~~~~~~~~

Schinkentaschen

Backzeit: 20–25 Minuten pro Blech
bei 220 °C

*1 Rezept Echter Blätterteig oder Quark-
blätterteig (Seiten 54, 56) * 1 Eigelb,
mit 4 EL Milch oder Sahne verquirlt,
zum Bestreichen.
Füllung: 8 Scheiben magerer, gekochter
Schinken * 8 dünne Scheiben Gouda,
Edamer oder Emmentaler Käse *
gemahlener Pfeffer*

Den gut gekühlten Teig auf Backbrett
½–¾ cm dick auswellen, in Quadrate von
12 × 12 cm schneiden. Jedes Quadrat
mit je einer Scheibe Käse und einer
Scheibe Schinken, jeweils zu einer Größe
von 10 × 10 cm geschnitten, belegen, etwas Pfeffer darübermahlen, übereck zusammenschlagen. Auf gekühltes Blech legen, mit Eigelb bestreichen, goldgelb bakken, heiß servieren.

Brandteig

Brandteig ist die Grundmasse für ein Hohlgebäck, das auf dem Blech im Backofen oder in schwimmendem Fett oder in heißer Brühe gegart werden kann. Die spezielle Teigzusammensetzung mit einem hohen Flüssigkeitsanteil, die Methode des Abbrennens des zugegebenen Mehles und der hohe Eieranteil bewirken ein starkes Verformen und Aufgehen beim Backen. Brandteiggebäck ist geschmacksneutral und kann deshalb für süße und salzige Füllungen gleich gut verwendet werden.

Regeln für die Teigbereitung
▷ Die Zutaten genau abmessen.
▷ Wasser nur einmal aufkochen lassen.
▷ Feinstgemahlenes Mehl auf einmal zugeben, durch gründliches Rühren Klumpenbildung verhindern.
▷ Mit Holzkochlöffel auf mittlerer Hitze den Teigklumpen abbrennen, bis sich am Topfboden eine weiße Haut gebildet hat. Teig abkühlen lassen.
▷ Nur sehr frische, verquirlte Eier nach und nach gut in den Teig einarbeiten.
▷ Teig so lange abschlagen, bis er glatt und glänzend ist und beim Herausziehen des Kochlöffels Teigspitzen stehen bleiben.
▷ Backpulver an den kalten Teig geben.

Regeln für das Backen
▷ Ofen immer auf 200–220 °C vorheizen.
▷ Blech gut mit flüssiger Butter fetten.
▷ Teig mit kleinen Löffeln oder mit Spritzbeutel in doppeltem Abstand kleiner Teighäufchen (4 cm ⌀) aufs Blech setzen.
▷ Blech auf die obere Mittelschiene in den Ofen schieben.

▷ Backofentüre erst kurz vor beendeter Backzeit öffnen.
▷ Im ausgeschalteten Backofen das Gebäck noch 5–10 Minuten ruhen lassen, danach vom Blech nehmen und Zugluft vermeiden.

Tips
▷ Zubereiteter Brandteig kann zugedeckt 1–2 Tage im Kühlschrank aufbewahrt und danach verbacken werden. Er läßt sich in diesem Zustand 2–3 Monate einfrieren und nach dem Auftauen wie frischer Teig verarbeiten.
▷ Fertiges Gebäck zum Einfrieren lauwarm verpacken (hält 2–3 Monate), bei Zimmertemperatur auftauen, nochmals bei 150 °C aufbacken.

Brandteig
Grundrezept

*¼ l Wasser * ¼ TL Salz * 50 g frische Butter * 150 g feingemahlenes Weizenvollkornmehl * 3 Eier * 1 TL Backpulver*

Wasser mit Salz und Butter in kleinem Topf zum Kochen bringen, beiseite ziehen, Mehl auf einmal zugeben, mit Schneebesen gut verrühren. Bei mittlerer Hitze den Teigklumpen mit Kochlöffel unter ständigem Rühren abbrennen, bis sich am Topfboden eine weiße Haut gebildet hat. Topf vom Herd nehmen, die Eier verquirlen, nach und nach zugeben, jeweils sehr gut in den Teig einarbeiten. Die richtige Beschaffenheit ist erreicht, wenn der Teig glatt und glänzend ist und Spitzen bildet, wenn man den Löffel herauszieht. Den Teig abkühlen lassen, dann das Backpulver sehr gut einrühren.

Gefüllte Windbeutel, Ringe und Eclairs

Backzeit: 25–30 Minuten bei 220 °C

*1 Rezept Brandteig (Seite 58) ∗
Butter zum Blech ∗ 2 EL Ahornsirup
zum Glasieren nach dem Füllen ∗
½ Rezept Schokoladenglasur (Seite 72)
für Eclairs oder Ringe*

*Süße Füllung: ⅜ l Sahne ∗ 1 P Sahne-
steifmittel ∗ ¼ TL Vanillepulver ∗
1 EL Ahornsirup nach Belieben ∗
je 350 g frische oder aufgetaute
Beeren oder konservierte Früchte
oder Rumtopffrüchte*
*Pikante Füllung: 250 g Frischkäse, mit
6 EL Sahne oder Weißwein verrührt ∗
Salz ∗ Pfeffer aus der Mühle ∗
1 EL feingehackter Schnittlauch oder
andere frische Kräuter der Saison ∗
2 EL feingeriebener Parmesan oder
verkrümelter Blauschimmelkäse ∗
¼ l steifgeschlagene Sahne*

Windbeutel: Den vorbereiteten, erkalte-
ten Teig mit Spritzbeutel in Rosetten von
etwa 4 cm Ø auf gut gefettetes Blech
spritzen oder mit zwei kleinen Löffeln
etwa gleich große Häufchen auf das
Blech setzen, jeweils 7–8 cm Abstand dazwischen lassen, goldbraun backen. Die
Backofentüre während des Backens nicht
öffnen, damit das Gebäck nicht zusam-
menfällt.

Ringe: Den Teig mit Spritzbeutel in Kreisen von 7–8 cm Ø im Abstand von
6–7 cm auf das gut gefettete Blech setzen, goldbraun backen, Ofentüre geschlossen halten.

Eclairs: Den Teig in Strängen von 10 cm
Länge im Abstand von 5 cm auf das
Blech spritzen, backen, die Ofentüre da-
bei geschlossen halten.

Nach beendeter Backzeit das Gebäck
noch 5–10 Minuten im ausgeschalteten
Ofen ruhen lassen, herausnehmen, auf
Kuchengitter erkalten lassen.

Zum Füllen die Windbeutel, Ringe oder
Eclairs waagerecht durchschneiden.
Wichtig: Erst unmittelbar vor dem Servie-
ren füllen, da die Früchte Saft ziehen.

Süße Füllung: Sahne mit Steifmittel schlagen, Vanillepulver und Ahornsirup unterziehen. Windbeutel, Ringe oder Eclairs damit füllen. Die vorbereiteten, gut abgetropften Früchte so drauflegen, daß sie am Rand sichtbar sind. Die Deckel mit Ahornsirup bepinseln oder bei Eclairs mit Schokoladenglasur überziehen. Deckel auflegen, möglichst frisch servieren, da Brandteig leicht feucht wird.

Pikante Füllung: Die Zutaten in angegebener Reihenfolge verrühren, mild pikant abschmecken, Gebäck füllen. Möglichst frisch zu Aperitif, Wein oder Sekt servieren. (Für pikant gefülltes Gebäck kleinere Formen backen!)

Flockentorte

Backzeit: 12–15 Minuten bei 200 °C

*1 Rezept Brandteig mit 5 Eiern
(Seite 58) * Butter zum Blech *
2 EL Ahornsirup und 2 EL flüssige Butter*

*Füllung: ½ Rezept gestreckte Buttercreme (Seite 73) *
¼ l steifgeschlagene Sahne *
1 P Sahnesteifmittel *
4 EL Arrak, Rum oder Kirschwasser *
4 EL Preiselbeerkonfitüre *
2 EL Arrak, Rum oder Kirschwasser*

Vorbereiteten Brandteig in 3 Portionen einteilen, Springformboden einfetten, nacheinander 3 Böden hell backen, vom Blech lösen.

Die Creme herstellen, mit Steifmittel geschlagene Sahne unterheben, Alkohol tropfenweise einrühren. Preiselbeeren mit Alkohol verrühren. Die Hälfte davon auf den untersten Tortenboden streichen, die Hälfte der Creme daraufüllen, glatt streichen. Zweiten Boden drauflegen, mit Preiselbeeren bestreichen, Creme darüberfüllen, glatt streichen. Den Deckel auflegen, leicht andrücken, Ahornsirup mit Butter vermischen, Oberfläche damit bestreichen, bis zum Verzehr mindestens 1–2 Stunden kühl stellen.

Strudelteig

Diese typisch süddeutsch/österreichische Spezialität läßt sich hervorragend auf das Vollkornbacken übertragen. Seine Zusammensetzung und Geschmacksneutralität machen Strudelteig für die Alltagsküche sehr wertvoll und nützlich. Süße und pikante Füllungen stehen ihm gleich gut an.

Regeln für die Teigbereitung

▷ Weizen oder Dinkel erst schroten, dann sehr fein mahlen.

▷ Die Flüssigkeiten (Wasser und Öl) nach und nach (löffelweise) in den Teig arbeiten.

▷ Den Teig sehr elastisch kneten bzw. schlagen, zu Kugeln formen.

▷ Teigkugeln dünn mit Öl bestreichen, unter einer mit heißem Wasser vorgewärmten Schüssel ruhen lassen.

▷ Teig gleichmäßig auswellen, mit den Fingern und über den Handrücken ausziehen (evtl. Hände mit Öl benetzen).

▷ Die ausgezogenen, dünnen Fladen auf Tuch legen, füllen, dabei rasch arbeiten, damit die Füllung nicht durchfeuchtet.

▷ Mit Hilfe des Tuches zusammenrollen und in die vorbereitete Form oder Reine kippen.

Regeln für das Backen

▷ Ofen auf 190–200 °C vorheizen.

▷ Vor dem Einschieben die Strudel mit flüssiger Butter bestreichen.

▷ Beim Aufgießen mit Milch (Apfelstrudel) diese über den Strudel in dünnem Strahl gießen.

▷ Nach dem Backen (vor dem Anschneiden) in der Form 10 Minuten abkühlen lassen.

Strudelteig
Grundrezept

*250 g feinstgemahlenes Weizenvollkornmehl * ¼ TL Salz * 1 Ei * 4 EL Öl * 4 EL Wasser, evtl. etwas mehr * 1 EL Öl zum Bepinseln*

Mehl auf trockenes Backbrett häufen, in die Mitte eine Vertiefung drücken, Salz und das aufgeschlagene Ei hineingeben, Öl und Wasser löffelweise dazumischen, während man mit einer Gabel alle flüssigen Zutaten von innen nach außen mit dem Mehl vermengt. Dann mit den Händen zu einem geschmeidigen Teig verarbeiten, sehr gründlich durchkneten, bis der Teig ganz glatt ist und sichtbar kleine Blasen entwickelt. Der Teig hat seine richtige Beschaffenheit erreicht, wenn das Backbrett nicht mehr verklebt ist und er auf Fingerdruck elastisch reagiert, d.h. die Druckstelle sich wieder hebt. Den Teig in zwei Portionen teilen, kleine, glatte Laibe formen. Den Teig auf dem Backbrett schlagen (um seine Elastizität zu steigern), bis aus dem runden Laibchen eine längliche, zungenartige Form entsteht. Dann wieder zu glatten Laibchen formen, im Abstand von 3–4 cm auf Backbrett setzen und mit Öl bepinseln. Eine genügend große Schüssel mit sehr heißem Wasser vorwärmen, über die Teiglaibchen stülpen, 15 Minuten ruhen lassen.

Das Backbrett mit wenig Mehl bestreuen, eine Teigportion mit der Hand flach drücken, etwa tellergroß auswellen, auf sauberes, leicht bemehltes Küchentuch legen, etwas weiter mit leichtem Druck auswellen. Dann über beiden Handrücken mit kreisenden Bewegungen von innen

Strudelteig

nach außen sanft in alle Richtungen ausziehen, sehr vorsichtig arbeiten, damit der Teig keine Löcher bekommt. Sobald das Zentrum des Teigfladens gleichmäßig dünn ist, diesen auf das Tuch zurücklegen und mit den Fingerspitzen vorsichtig die Ränder ausziehen. Dabei versuchen, dem Teigfladen eine ovale Form zu geben.

Strudelteig zubereiten, zudecken, ruhen lassen. Form oder Reine vorbereiten. Füllung herstellen. Strudelteig ausziehen, mit Butter bestreichen, die Quarkfüllung auftragen, Strudel zusammenrollen, in die Form legen, mit Butter bestreichen, hell backen. Danach 10–15 Minuten abkühlen lassen. Warm servieren.

Quark-, Topfenstrudel

Backzeit: 40–45 Minuten bei 190 °C

*1 Rezept Strudelteig (Seite 61) *
4–6 EL flüssige Butter zum
*Bestreichen * Butter zur Form*
*Füllung: 750 g Magerquark * 2 Eigelb *
*4 EL Ahornsirup * 1 EL feingeriebene*
*Zitronenschale * 4 EL Zitronensaft *
100 g gewaschene Rosinen oder
*Sultaninen * ⅜ l steifgeschlagene*
*Sahne * 2 steifgeschlagene Eiweiß*

Bayerischer Apfelstrudel

Backzeit: 55–60 Minuten bei 190 °C

*1 Rezept Strudelteig (Seite 61) *
*4–6 EL Butter zum Bestreichen *
*Butter zur Form * ¼–⅜ l heiße Milch*
Füllung: 1,5 kg geschälte, entkernte
Äpfel, in kleine Stückchen und
*dann blättrig geschnitten *
100 g gewaschene Rosinen oder
*Sultaninen * 2 EL Ahornsirup nach*
*Belieben * ¼ TL Zimt*

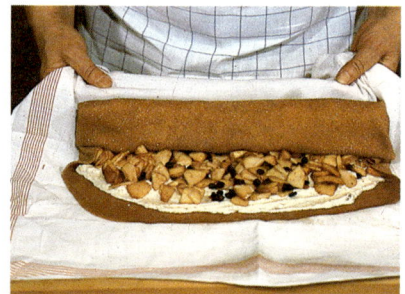

Strudelteig

Äpfel vorbereiten. Rosinen, Sirup und Zimt gut vermischen, durchziehen lassen. Strudelteig zubereiten. Längliche Auflaufform oder Reine gut einfetten.

Den Teig, der auf dem Tuch liegt, mit flüssiger Butter bestreichen, die Füllung darauf verteilen. Das Tuch an den Querseiten mit beiden Händen fassen, die Teigränder 2–3 cm nach innen auf die Füllung kippen. Danach das Tuch an der Längsseite anfassen und den Strudel vorsichtig und gleichmäßig aufrollen, in die vorbereitete Form transportieren, dabei darauf achten, daß die offene Längsseite nach unten zu liegen kommt. Den zweiten Strudel ebenso zubereiten.

Beide Strudel mit Butter bestreichen und ca. 40 Minuten backen. Die Milch zum Kochen bringen, die Strudel damit übergießen und weitere 15–20 Minuten backken. Nach dem Backen 10 Minuten abkühlen lassen, warm servieren.

~~~~~~~~ **Variationen** ~~~~~~~~

Wiener Apfelstrudel: Auf die Apfelfüllung zusätzlich 100–125 g geriebene oder gehackte Nüsse oder Mandeln streuen, den Strudel auf gefettetem Blech backen, warm oder kalt servieren.

Apfelrahmstrudel: Zusätzlich zur Apfelfüllung eine Quarkfüllung bereiten: *250 g Quark 20% ∗ 2 EL Ahornsirup ∗ 2 verquirlte Eier ∗ 1 TL feingeriebene Zitronenschale oder Mark aus 1 Vanilleschote ∗ ¼ l steifgeschlagene Sahne* Die Zutaten in angegebener Reihenfolge gut mischen, auf den ausgezogenen, mit flüssiger Butter bestrichenen Teig auftragen. Apfelfüllung darüber verteilen, zusammenrollen, backen, warm servieren.

~~~~~~~~~~~~~~~~~~~

Baklava

Backzeit: 35–40 Minuten bei 190 °C

1 Rezept Strudelteig (Seite 61) ∗
2 EL flüssige Butter für die Form
Füllung: 150 g feingeriebene Haselnüsse ∗ 150 g gehackte Walnüsse oder Pecannüsse ∗ je 125 g gewaschene Sultaninen und Korinthen ∗ feingeriebene Schale von 1 Zitrone ∗ 1 TL Zimt ∗ 4 EL flüssiger Honig ∗ 100 g flüssige Butter ∗ ³/₁₆ l Sahne
Zum Bestreichen: 100 g Honig ∗ ¹/₁₆ l Wasser ∗ Saft von 1 Zitrone

Strudelteig nach Grundrezept herstellen und in 5 Portionen teilen, zugedeckt ruhen lassen. Runde oder längliche Auflaufform einfetten. Nüsse, Weinbeeren, Zitronenschale, Zimt und Honig miteinander mischen. Zerlassene Butter und Sahne gleichfalls mischen. Die Strudelteigportionen in Größe der Form dünn auswellen, evtl. etwas zurechtschneiden. Ein Teigblatt auf Formboden legen, mit Buttermischung reichlich bepinseln, ¼ der Füllung darauf verteilen. Nächstes Teigblatt auflegen, mit Buttermischung mehr begießen als bestreichen, Füllung auftragen, nächstes Teigblatt auflegen, insgesamt 4 mal so verfahren. Deckblatt auflegen, bestreichen. Die Baklava mit scharfem Messer in Stücke von 6 × 6 cm schneiden und goldbraun backen. Aus Honig, Wasser und Zitronensaft unter leichtem Erwärmen Sirup herstellen. Die heiße Baklava damit begießen und 20–30 Minuten ziehen lassen. Baklava ist ein typisch orientalisches, sehr süßes Gebäck, das hervorragend zu türkischem Mokka paßt.

Biskuitteig

Biskuitteig ist ein weicher Teig mit hohem Eieranteil. Die Anzahl der Eier im Verhältnis zum feinstgemahlenen Mehl entscheidet über den Grad an Feinheit und Lockerung. Eine geringe Zugabe von flüssiger Butter macht den Teig feinporig und hält ihn länger frisch.

Regeln für die Teigbereitung

▷ Zuerst Form gut fetten und mit Mehl ausstreuen. Ofen vorheizen.

▷ Möglichst frische, große Eier verwenden, bei kleinen Eiern 1 Ei auf die im Rezept angegebene Menge zugeben.

▷ *Entweder:* Die Eigelb mit Wasser schaumig schlagen, mit Süßmittel zu dicker Creme rühren, Mehl mit Backpulver zugeben, Eischnee zuletzt unterheben. *Oder:* Sehr steifen Eischnee herstellen, die Eigelb, mit Süßmittel verquirlt, unterziehen, Weizen schroten, dann feinst mahlen, mit Backpulver vermischt zuletzt unterheben.

▷ Teig sofort in die Form füllen oder auf das Blech streichen und sofort backen.

Regeln für das Backen

▷ Biskuitteige grundsätzlich im vorgeheizten Ofen bei 180–190 °C backen.

▷ Auf der oberen Mittelschiene backen.

▷ Bei Springform den Ofen mindestens 20–25 Minuten nicht öffnen, Biskuitrolle nur 12–13 Minuten backen.

▷ Garprobe für Springform: Mit Hölzchen anstechen – bleibt das Hölzchen trocken, ist der Teig gar. Oder: Sobald sich der Kuchen vom Formrand gelöst hat, ist er gar.

▷ Den fertigen Biskuit 10 Minuten in der Form abkühlen lassen, dann vorsichtig an Rand und Boden lockern, auf Kuchengitter stürzen.

▷ Bei Biskuitrolle, die mit Sahne gefüllt werden soll, den gebackenen Biskuit auf ein leicht angefeuchtetes, sauberes Küchentuch stürzen, mit dem Tuch einrollen, auskühlen lassen.

Tips

▷ Biskuit ist zum Frischverzehr geeignet und kann sofort nach dem Auskühlen (1 Stunde) zum Belegen mit Obst verwendet werden. Für Weiterverarbeitung zu Torten sollte er ½–1 Tag ruhen.

▷ Zum Tiefgefrieren wird das lauwarme Gebäck vorschriftsmäßig verpackt und sofort tiefgekühlt. Bis zu 6 Monaten haltbar, kann er nach dem Auftauen wie frisch weiterverwendet werden.

Biskuit
Grundrezept

Backzeit: 25–30 Minuten bei 175–180 °C

Heller Teig: 6 steifgeschlagene Eiweiß * 4 EL Ahornsirup * 6 verquirlte Eigelb * 180 g feinstgemahlenes Weizenvollkornmehl * 1 TL Backpulver * 60 g zerlassene Butter * Butter und Mehl zur Form
Dunkler Teig: Statt 180 g Mehl = 160 g Mehl und 1 EL dunkler Kakao

Unter die Eischnee zuerst mit Schneebesen den Ahornsirup, dann die Eigelb heben (bei dunklem Biskuit den Kakao darübersieben, ebenso unterheben), dann Mehl mit Backpulver mischen, rasch und gründlich untermischen, flüssige Butter unterziehen. Masse in die vorbereitete Form füllen, sofort backen.

Biskuitteig

Biskuitrolle und Biskuittörtchen

Backzeit: 13–14 Minuten bei 180–190 °C

*6 Eigelb * 4 EL warmes Wasser *
100 g flüssiger Honig * ½ TL Vanillepulver, feingeriebene Zitronenschale
oder Zimt * 180 g feinstgemahlenes
Weizenvollkornmehl * 1 TL Backpulver *
6 steifgeschlagene Eiweiß * Pergamentpapier und flüssige Butter zum Blech*
*Füllung für Roulade: 1½ Rezepte
feine Tortenfüllcreme (Seite 72) oder
Sahnefüllcreme (Seite 73)*
*Obst zum Belegen: 1¼ kg frische oder
angetaute Erdbeeren, Himbeeren, Brombeeren, Heidelbeeren oder konservierte
Sauerkirschen, Mandarinen, Pfirsiche,
Ananas, Stachelbeeren.*
*Guß: ½ l Fruchtsaft * 2 P Tortenguß*

Blech mit Pergamentpapier auslegen,
auch an den Rändern hochziehen, gut
mit Butter bestreichen.
Eigelb mit Wasser schaumig schlagen,
Honig zugeben, zu dicker Creme rühren.
Mit Vanille, Zitrone oder Zimt würzen,
Mehl mit Backpulver untermischen, Eischnee darüberfüllen, mit Schneebesen
unterheben, Teig gleichmäßig auf Blech
streichen, sofort hell backen.
Biskuitrolle: Sauberes, leicht befeuchtetes
Küchentuch auf Backbrett legen, den gebackenen Biskuit daraufstürzen, Papier
abziehen, Biskuit mit dem Tuch einrollen,
auskühlen lassen. Zum Füllen wieder aufrollen und die Fläche mit Füllung bestreichen, wieder zusammenrollen, von außen mit Füllcreme bestreichen, mit Sahne bespritzen oder mit gerösteten Man-

delblättchen bestreuen. Bis zum Verzehr 1–2 Stunden kühlen.

Biskuittörtchen: Den gebackenen Biskuit auf Backbrett stürzen, vorsichtig Papier abziehen, abkühlen lassen. Mit Ausstecher von 8–10 cm Ø runde oder rechteckige Törtchen ausstechen (oder in rechteckige Törtchen schneiden), mit frischen oder konservierten, gut abgetropften Früchten einer oder mehrerer Arten belegen, mit Guß überziehen, mit Sahnetupfern den Rand bespritzen.

Biskuit-Cremetorten

Zitronen-, Orangen-, Mandarinen-, Mokkatorte

1 Rezept heller Biskuit (Seite 65)
Zum Tränken: 8 EL Fruchtsaft, evtl. mit
1–2 EL Rum, Arrak oder Obstgeist
(für Mokka-Torte nur Mokka),
vermischt, nach Belieben mit
1 EL Ahornsirup gesüßt
Zum Füllen und Verzieren: 1 Rezept
Tortenfüllcreme nach Wahl (Seite 72) ∗
hauchdünne Streifen der entsprechenden Frucht ∗ *für Mokkatorte ganze*
Kaffeebohnen oder etwas Kaffeemehl

Schokoladentorte

1 Rezept dunkler Biskuit (Seite 65)
Zum Tränken: 8 EL Fruchtsaft mit Rum
oder nur Rum
Zum Füllen und Verzieren: 1 Rezept
Schokoladen-Mousse (Seite 72) ∗
evtl. Schokoladenraspel

Den Biskuit mit Sägemesser waagerecht durchschneiden, die Tortenoberfläche als Boden auf die Tortenplatte legen, die Schnittfläche mit der Hälfte der Tränk-

flüssigkeit (mit Pinsel) sorgfältig, besonders am Rand entlang, betupfen.

Die Füllcreme knapp zur Hälfte auftragen und gleichmäßig glattstreichen. Nur die Schnittfläche des Tortendeckels mit der restlichen Flüssigkeit betupfen, auf die Füllung legen, mit der flachen Hand leicht andrücken. Die Tortenoberfläche und den Rand mit möglichst langer Messerklinge bestreichen, etwa 2–3 EL Creme zum Verzieren in den Spritzbeutel füllen. Den Rand mit Rosetten, Tupfern oder Girlanden verzieren und diese – je nach Geschmacksnote – mit Streifen der Zitrusschalen oder Spuren von Kaffeemehl bestreuen oder mit Mokkabohnen belegen. Die fertige Torte bis zum Gebrauch 2–3 Stunden kühlen.

Nußbiskuit-Sahnetorten
Nußkuchen

Backzeit: 35–40 Minuten bei 180 °C

5 Eiweiß ∗ *1 TL Zitronensaft* ∗ *5 Eigelb* ∗
100 g Dicksaft, flüssiger Honig oder
Ahornsirup ∗ *150 g feingeriebene Nüsse* ∗ *20 g feingemahlenes Weizenmehl* ∗
Butter und Mehl für die Form

Die Eiweiß unter tropfenweiser Zugabe von Zitronensaft zu sehr steifem Schnee schlagen. Eigelb und Süßmittel verquirlen, rasch unter den Schnee heben. Nüsse und Mehl darüberstreuen, rasch und gründlich unterheben. In die vorbereitete Form (Springform für Torte, Guglhupf- oder Kastenform für Nußkuchen) füllen, Mitte glattstreichen und backen. Nach dem Backen in der Form etwas abkühlen lassen, dann vorsichtig vom Rand lösen

und Formrand abnehmen, auf Kuchengitter stürzen, Formboden abheben. Bis zur Weiterverwendung mindestens 2 Stunden (besser über Nacht) auskühlen lassen. Weiterverwenden zu Nuß-, Mokka- oder Sauerkirsch-Sahnetorte:

Den Biskuit sorgfältig waagerecht durchschneiden, mit der Oberseite nach unten auf Tortenplatte legen, etwas mehr als die Hälfte der Tränkflüssigkeit mit dem Pinsel auftupfen, die andere Hälfte auf der Schnittseite ebenso tränken.

Nuß-Sahnetorte	**Mokka-Sahnetorte**	**Sauerkirsch-Sahnetorte**
Zum Tränken:	*Zum Tränken:*	*Zum Tränken:*
4 EL Arrak •	*4 EL Mokka •*	*4 EL Kirschwasser •*
2 EL Zitronensaft	*2 EL Zitronensaft*	*2 EL Zitronensaft*
Zum Füllen und Verzieren:	*Zum Füllen und Verzieren:*	*Zum Füllen und Verzieren:*
½ l Sahne •	*½ l Sahne •*	*½ l Sahne •*
3 P Sahnesteifmittel •	*3 P Sahnesteifmittel •*	*3 P Sahnesteifmittel •*
Prise Vanillepulver •	*1 TL Kaffeepulver •*	*Prise Zimt •*
2 EL Arrak •	*2–3 EL Mokka •*	*3–4 EL Kirschwasser •*
Haselnüsse	*Mokkabohnen*	*250 g gut abgetropfte*
		Sauerkirschen

Biskuitteig

Die Sahne cremig schlagen, das Steifmittel und Vanillepulver bzw. Kaffeepulver bzw. Zimt zurieseln lassen, Arrak, Alkohol bzw. Mokka tropfenweise zugeben, weiterschlagen, bis die Sahne schnittfest ist. Etwa ⅓ der Sahne auf den Tortenboden füllen, locker bis zum Rand mit großem Messer glattstreichen. Bei der Sauerkirsch-Sahnetorte die Sahne mit großer Spritztülle in Ringen – 2 cm Abstand – auf den Tortenboden spritzen, die abgetropften Sauerkirschen zwischen die Ringe legen. Tortendeckel auflegen, mit der flachen Hand andrücken und Sahne etwa ¼–½ cm dick auftragen, Rand ebenso bestreichen. Mit der restlichen Sahne ein ebenmäßiges Rautengitter (im Abstand von 4 cm) aufspritzen, den oberen Rand mit aufgespritzten Rosetten verzieren. In die Rosetten je 1 Haselnuß, Mokkabohne oder Sauerkirsche setzen, mindestens 2–3 Stunden kühl stellen.

Obstkuchen mit Guß

1 Rezept Biskuit nach Wahl,
halbiert als Tortenboden (Seite 65)
Zum Tränken (nach Belieben):
2 EL Rum, mit 2 EL Zitronensaft und
1 EL Ahornsirup vermischt
Obstbelag: 750 g Früchte von einer
Obstart oder gemischte Früchte, frisch,
*tiefgekühlt oder konserviert * ¼ l Fruchtsaft * 1 Tortenguß rot oder klar*
(bei hellen oder gemischten Früchten)

Den Kuchenboden mit der Schnittfläche nach oben auf die Platte legen, tränken, mit entsprechend vorbereiteten und gut abgetropften Früchten – tiefgekühlte nur leicht angetaut – dicht belegen. Bei gemischten Früchten hübsches Muster in Blüten-, Stern- oder Kreisform legen, dabei darauf achten, daß der Rand etwas höher als die Mitte ist. Den Guß zuberei-

ten, von der Mitte aus auf den Kuchen gießen, den Rand aus Früchten mit dem Pinsel bestreichen. Kuchen bis zum Verzehr 1–2 Stunden kühl stellen.

Kiwitorte

1 Rezept Biskuit, halbiert als Tortenboden (Seite 65) ∗ 4 EL Rum zum Tränken Belag: 5 Becher Joghurt, á 0,2 l ∗ 5 EL flüssiger Honig, besser Ahornsirup ∗ etwas feingeriebene Zitronenschale ∗ Saft von 1 Zitrone ∗ ¼ TL Vanillepulver ∗ 5 EL Rum ∗ 10 Blatt weiße Gelatine, in kaltem Wasser vorgequollen ∗ 4 EL Apfel- oder Birnensaft ∗ ⅛ l steifgeschlagene Sahne ∗ 10–12 geschälte, in ½ cm dicke Scheiben geschnittene Kiwifrüchte Guß: ¼ l Apfel- oder Birnensaft ∗ 4 Blatt weiße Gelatine, in kaltem Wasser vorgequollen

Den Biskuitboden auf die Platte legen, mit Rum tränken. Manschette aus Pergamentpapier um den Biskuit stellen Formrand darumlegen.

Joghurt mit Schneebesen glattrühren, mit Zitronenschale und -saft, Vanille und Rum harmonisch abschmecken. Die eingeweichte Gelatine ausdrücken, mit Apfel- oder Birnensaft im Wasserbad auflösen, etwas abkühlen lassen, dann an den Joghurt rühren. Joghurt kühlen, gelegentlich umrühren. Sobald die Masse deutlich stockt, die Sahne unterziehen, diese Creme auf den Tortenboden gießen, intensiv kühlen (nicht frieren!). Sobald die Joghurtmasse deutlich steif und tragfähig geworden ist, die Oberfläche schuppenartig mit Kiwi-Scheiben belegen.

Die eingeweichte Gelatine ausdrücken, in ⅛ l Fruchtsaft unter Erwärmen auflösen, unter Rühren mit dem übrigen Fruchtsaft vermischen, abkühlen lassen. Sobald die Flüssigkeit sulzig wird, die Kiwischeiben damit glasieren, bis zum Verzehr wieder kühl stellen. Hält sich im Kühlschrank 1–2 Tage frisch.

~~~~~~~~ **Variation** ~~~~~~~~
Statt Kiwi Erdbeeren, Himbeeren, Brombeeren nehmen.
~~~~~~~~~~~~~~~~~~~~~~~~

Biskuitteig

Schwarz-Weiß- oder Schachbrett-Torte
Fom – Layer – Cake

*Je 1 Rezept heller und dunkler Biskuit
(Seite 65) * 16 EL Tränkflüssigkeit aus
Fruchtsaft und Rum oder gemischt *
1½ Rezepte Lemon-Mousse (Seite 72) *
1½ Rezepte Schokoladen-Mousse
(Seite 72)*

Die beiden Torten waagerecht durchschneiden und tränken. Dann die hellen
Schichten mit dunkler Creme und die
dunklen mit heller Creme füllen oder im
Wechsel dunkel-hell-dunkel-hell (bzw.
hell-dunkel-hell-dunkel) aufeinander-
schichten. Oberfläche und Rand hell oder
dunkel bestreichen. Die Tortenfläche mit
Quadraten von ca. 4 × 4 cm markieren,
diese Markierungen mit dicht aneinan-
dergesetzten kleinen Sterntupfern der
restlichen hellen und dunklen Creme wie
ein Schachbrett verzieren.

Waffelteig

*250 g feinstgemahlenes Weizenvollkom-
mehl * Prise Salz * ¼ l süße oder saure
Sahne * ¼ l Milch oder Sahne *
5–6 Eigelb * 1 EL flüssiger Honig
oder Ahornsirup * 1 TL feingeriebene
Zitronenschale oder Zimt oder
Prise Vanillepulver * 1 EL Rum *
5–6 steifgeschlagene Eiweiß *
flüssige Butter zum Ausbacken*

Mehl mit Salz, Sahne und Milch cremig
rühren, Eigelb, Süßmittel, Geschmackszutat nach Wahl und Rum zugeben, gut
im Teig verrühren, Teig 15 Minuten quellen lassen. Unmittelbar vor dem Backen
den Eischnee gründlich unterrühren.
Zum Ausbacken das Waffeleisen aufhei-
zen, mit flüssiger Butter bestreichen. Mit
kleinem Schöpflöffel den Teig jeweils genau in die Mitte des Waffeleisens setzen,
den Deckel darüberklappen, die Waffeln
goldbraun backen, sehr frisch servieren.
Serviervorschlag: Flüssiger Honig,
Ahornsirup, geschlagene Sahne und frische oder tiefgekühlte Beeren sind ideale
Beigaben.

~~~~~~~ **Variationen** ~~~~~~~

Mit geriebenen Äpfeln: Vier mittelgroße,
geschälte Äpfel in den Teig raspeln.
Mit Nüssen oder Mandeln: 100 g Mehl
gegen gleiche Menge feingeriebene Nüsse oder Mandeln austauschen.

~~~~~~~~~~~~~~~~~~~~~~~~~

Glasur, Cremes, Kuchenbeläge

Schokoladenglasur

*50 g Butter * 50 g Ahornsirup *
2 EL dunkler, gesiebter Kakao*

Die Butter auf kleinster Hitze (evtl. im Wasserbad) schmelzen lassen, Ahornsirup mit Schneebesen einrühren, Kakao zugeben und glattrühren. Wird die Glasur dünnflüssig benötigt, muß sie während des Glasierens warm gehalten werden. Will man sie dickflüssiger auftragen, so empfiehlt sich leichtes Abkühlen.

Cremes für Torten und Rouladen

Lady Emily's Lemon Mousse

*2 große oder 3 kleine Eigelb *
3 EL lauwarmes Wasser *
3 EL Ahornsirup * feingeriebene
Schale und Saft von 1 kleinen Zitrone *
100 g in feine Scheiben geschnittene,
kalte Butter * 0,2 l Sahne *
1 P Steifmittel * 1 EL Ahornsirup*

Die Eigelb mit Wasser auf Wasserbad zu dicker Creme schlagen, dabei den Zitronensaft löffelweise zugeben, ständig weiterschlagen (und darauf achten, daß das Wasser niemals kocht) und dabei die Zitronenschale zugeben. Die Butterscheiben in kleinen Portionen in die dicklich werdende Creme einschlagen. Jede Butterportion erst völlig in die Creme einarbeiten, bevor die nächste dazukommt. Dann die Creme erkalten lassen, gelegentlich umrühren.

Die Sahne cremig rühren, das Steifmittel zurieseln lassen, weiterschlagen, bis sie ganz steif ist, unter die erkaltete Zitronencreme rühren. Die Creme sofort verwenden (reicht für 1 Torte von 24 cm Ø).

~~~~~~~ **Variationen** ~~~~~~~~

Mokka-Mousse: Anstelle des Zitronensaftes 4 EL starken Mokka, anstelle der Zitronenschale 1 gehäuften TL Pulverkaffee verwenden.

Schokoladen-Mousse: Anstelle des Zitronensaftes 4 EL Rum, anstelle der Zitronenschale 1 gestrichenen EL Kakao nehmen.

Maronen-Mousse: Die Eigelbcreme – wie oben beschrieben – mit Zitronensaft, aber ohne Zitronenschale zubereiten. 150 g geschälte, mit wenig Wasser gekochte Maronen dick pürieren, mit 3 EL Ahornsirup süßen, mit ½ TL Vanillepulver oder Zimt würzen, erkalten lassen. Das Maronenpüree dann sorgfältig unter die steifgeschlagene Sahne heben und gut mit der Eigelbcreme vermischen.

~~~~~~~~~~~~~~~~

Cremes

Gestreckte Buttercreme

*¼ l Milch * 60 g feingemahlenes Gersten-*
*vollkommehl * evtl. 2 EL dunkler Kakao*
*für dunkle Creme * ¼ TL Vanillepulver **
*1 Prise Salz * 2 EL Ahornsirup, evtl.*
*etwas mehr * 1 Eigelb * 200 g cremig*
*gerührte Butter * 2 EL Ahornsirup*
*oder Akazienhonig * 1 Eigelb*

Von der kalten Milch etwa 8 EL abnehmen, Mehl und evtl. Kakao damit anrüh-
ren. Restliche Milch mit Vanillepulver,
Salz und Sirup in kleinem Topf zum Kochen bringen, das angerührte Mehl unter
Rühren dazugießen, weiterrühren, auf
kleinster Hitze etwa 20 Sekunden kochen
lassen, dann beiseite ziehen. Eigelb verquirlen und unterziehen, in Schüssel um-
füllen und erkalten lassen. Gelegentlich
rühren, um Hautbildung zu vermeiden.
In genügend großer Schüssel die cremig
gerührte Butter mit Sirup oder Honig verrühren. Den ausgekühlten Flammeri löffelweise und das Eigelb zugeben, jeweils
sehr gut in die Butter auf geringer Ge-
schwindigkeitsstufe einrühren, bis aller
Flammeri untergemischt ist. Die Creme
sofort zum Füllen verwenden.
Bei Gerinnen der Creme werden 3–4 EL
heißes Kokosfett tropfenweise mit dem
Schneebesen untergerührt.

Sahnefüllcreme

*½ l Sahne * 2 P Sahnesteifmittel **
*¼ TL Vanillepulver * 4 EL Ahornsirup **
350 g kleingeschnittene frische Beeren
oder helle konservierte Früchte, wie
Aprikosen, Mandarinen, Mango, einige
Früchte oder Spalten zum Verzieren

Die Sahne mit zurieselndem Steifmittel
und Vanille aufschlagen, Ahornsirup unterziehen, ⅓ der Menge zum Verzieren
abzweigen. Entweder die Früchte untermischen und die getränkte Torte bzw.
Roulade damit füllen. Oder die Sahne auf
getränkten Biskuit aufstreichen und die
Früchte darauf verteilen. Oder die Früchte pürieren, mit der Sahne vermischen,
die Torte damit füllen. Mit dem Rest die
Torte von außen bestreichen, mit Rosetten oder Girlanden bespritzen, mit
Fruchtstückchen verzieren.

~~~~~~~~~ **Variation** ~~~~~~~~~
⅛ l Sahne durch 250 g Magerquark ersetzen, mit ½ TL Vanillepulver abschmek-
ken.
~~~~~~~~~~~~~~~~~~~~~~~~~

Französische Mandelfüllcreme
Zum Füllen von 2–3 Blätterteigschichten
in Springformgröße.

125 g geschälte, feingeriebene oder
*im Mixer zerkleinerte Mandeln **
*3 EL flüssiger Honig oder Ahornsirup **
*100 g cremig gerührte Butter * 2 Eier **
*1 EL Rum oder Arrak * 1 Msp Vanille-*
pulver

Die Mandeln mit Honig oder Sirup verrühren, cremige Butter untermischen,
Eier, Rum (Arrak) und Vanillepulver zugeben, glattrühren. Zwischen zwei rohe
Blätterteigschichten füllen, Teig mit Eigelb bestreichen, backen.

Kuchenbeläge

Quarkbelag

*750 g Magerquark * 200 g Sultaninen *
4 EL Weizen- oder Gerstenvollkornmehl * 3 Eiweiß * etwas fein abgeriebene
Zitronenschale * ½ TL Zimt oder Vanillepulver * ⅛ l saure Sahne * 3 Eigelb *
Prise Zimt*

Quark, Sultaninen und Mehl miteinander
gut mit Kochlöffel vermischen, Eiweiß
unterrühren, Zitronenschale, Zimt oder
Vanille dazugeben und ca. 1 Stunde zugedeckt ruhen lassen.
Die Masse auf vorbereitete Teigplatte
(aus Mittelfestem Hefe- oder Quarölteig) aufstreichen. Sahne, Eigelb und
Zimt verquirlen, auf den Quarkbelag gießen, mit Teigkarte glattstreichen, den Kuchen 45 Minuten bei 200 °C backen, erst
nach dem Auskühlen schneiden. (Nach
Belieben 1–2 EL Ahornsirup vor dem
Zerteilen darüberstreichen).

Streuselbelag

*100 g Weizen- oder Hafervollkornmehl *
150 g feingeriebene Nüsse oder Mandeln * 150 g Honigmarzipan * 100 g flüssige Butter * 2 EL Ahornsirup oder flüssiger Honig * ½ TL Vanillepulver oder
1 TL Zimt * 3 EL kalte Milch*

Mehl, Nüsse und Marzipan miteinander
sehr gut verkrümeln. Flüssige Butter mit
Gabel unterrühren, dann gut verkrümeln.
Süßmittel und Gewürze zugeben, nochmals gut abbröseln. Die vorbereitete

Teigplatte (aus Mittelfestem Hefe- oder
Quarölteig) mit der kalten Milch bepinseln, vorbereiteten Belag darüberstreuen,
Kuchen 30 Minuten bei 200 °C backen,
etwas abkühlen lassen, auf Backbrett ziehen.

Florentiner- oder Bienenstichbelag

*75 g Butter * 100 g flüssiger Honig *
4 EL Sahne * 125 g gestiftelte Mandeln*

Butter in Pfanne zerlassen, Honig und
Sahne zugeben, aufkochen lassen, Mandelstifte untermischen, etwas abkühlen
lassen. Die Masse auf vorbereitete Teigplatte (aus Mittelfestem Hefe-, Quaröl-
oder Mürbteig) gleichmäßig auftragen,
sofort ca. 30 Minuten bei 190 °C backen,
vor dem Zerteilen ¼ Stunde abkühlen
lassen.

Pikant gefülltes Kleingebäck, Rezept Seite 78

Kleingebäck

Süßes und pikantes Kleingebäck

Süß gefülltes Kleingebäck
Teilchen

Backzeit: 15–20 Minuten bei 180 °C

1 Rezept Quarkölteig (Seite 44) ∗
Butter zum Blech ∗ 1 Eigelb,
mit 3 EL Milch verquirlt, oder
6–8 EL reine Milch zum Bestreichen
Apfelfüllung: 500 g geschälte, geraspelte
Äpfel ∗ 100 g Korinthen ∗ ½ TL Zimt ∗
etwas feingeriebene Zitronenschale
Powidlfüllung: 300 g entsteinte Trocken-
pflaumen ∗ ⅛ l Wasser ∗ 1 Prise Zimt ∗
4 EL Rum
Nußfüllung: 150 g geriebene Nüsse ∗
50 g gewaschene Sultaninen ∗
Saft von 1 Zitrone ∗ 1 Prise Zimt ∗
1 EL flüssiger Honig oder Ahornsirup ∗
2–3 EL süße oder saure Sahne
Rosinenfüllung (nur für Schnecken):
100 g zerlassene Butter oder
⅛ l saure Sahne ∗ 100 g Ahornsirup ∗
200 g gewaschene Rosinen ∗ ¼ TL Zimt
Quarkfüllung: 250 g Magerquark ∗
50 g gewaschene Korinthen oder Rosi-
nen ∗ ½ TL feingeriebene Zitronen-
schale ∗ 3–4 EL Rum oder Sahne ∗
2 EL flüssiger Honig oder Ahornsirup

Quarkölteig herstellen, kühl ruhen lassen.
Apfelfüllung: Die geraspelten Äpfel mit Korinthen und Gewürzen vermischen, zugedeckt etwa 30 Minuten ruhen lassen.
Powidlfüllung: Die Pflaumen mit Wasser auf mittlerer Hitze zum Kochen bringen, beiseite stellen und mit Mixstab pürieren. Mit Zimt und Rum abschmecken.
Nußfüllung: Die Nüsse mit den Sultaninen mischen, Zitronensaft, Zimt, Honig und Sahne zugeben, gut verrühren.

Quarkfüllung: Quark, Korinthen und Zitronenschale mit Rum oder Sahne und Honig verrühren, ½ Stunde ruhen lassen.

Den Teig in zwei Portionen teilen. Auf Backbrett knapp ½ cm dick ausrollen.
Taschen: Plätzchen von 8–10 cm Ø oder etwa gleichgroße Quadrate ausstechen bzw. ausradeln (oder ausschneiden). Je 1 Teelöffel Füllung bei den runden Plätzchen auf eine Hälfte, bei den quadratischen übereck auftragen. Die andere Teighälfte überschlagen, Ränder mit den Fingerspitzen oder Gabelzinken andrükken, auf vorbereitetes Blech legen.
Hahnenkämme: Den Teig in Quadrate von 10 × 10 cm radeln oder schneiden. 1 Teelöffel Füllung in die Mitte setzen, etwas flach drücken, zu Rechteck zusammenlegen, Ränder leicht andrücken. An der offenen Längskante im Abstand von 1½–2 cm mit Teigrädchen oder Messer 2 cm tief einschneiden, auf Blech legen, dabei halbrund formen, damit die Form eines Hahnenkammes entsteht.
Hörnchen: Den Teig in 10 cm breite Streifen schneiden oder radeln, gleichseitige Dreiecke ausradeln, an einer Seite mit Füllung belegen, etwas flach drücken, zur Spitze hin aufrollen. Teigspitze unterschlagen, auf Blech legen, dabei die Enden etwas nach innen biegen.
Schnecken: Den ausgewellten Teig mit flüssiger Butter oder Sahne bestreichen, Rosinen darüberstreuen, mit Zimt bepudern. In 2 cm breite Streifen radeln, einzeln zu Schnecken aufrollen, Teigende unterschlagen, auf Blech setzen.
Die Teilchen vor dem Backen mit verquirltem Eigelb oder mit Milch bestreichen, backen. Danach nochmals mit Milch bestreichen, auskühlen lassen.

Süßes und pikantes Kleingebäck

Rheinische Bobbes

Backzeit: 15–20 Minuten pro Blech
bei 200 °C

*1 Rezept Mürbteig (Seite 45) ∗ Butter
zum Blech ∗ Honig- oder Sirupwasser
zum Bestreichen*
*Füllung: 50 g gewaschene Korinthen ∗
100 g getrocknete, kleingeschnittene
Aprikosen ∗ 6 EL Rum ∗ 150 g Honigmarzipan*

Korinthen und Aprikosen in Rum einweichen, zugedeckt 1–2 Stunden stehen lassen. Inzwischen Mürbteig herstellen, etwa
30 Minuten kühl ruhen lassen. Marzipan
in Stückchen von ca. 1 × 1 cm schneiden,
an die eingeweichten Trockenfrüchte mischen, mit Gabel dabei ein wenig zerdrük-
ken, damit eine möglichst gleichmäßige
Mischung entsteht. Den Mürbteig mit wenig Schrotmehl etwa 3 mm dick auswellen, Bänder von etwa 6–7 cm Breite ausschneiden oder -radeln, in 10 cm lange
Stücke teilen. Jeweils auf deren Mitte
1½ Teelöffel Füllung setzen, etwas breit
drücken, eine Seite über die andere
schlagen, die Teilchen auf leicht befettetes Blech setzen, backen.
Noch heiß mit Honig- oder
Sirupwasser bestreichen,
auf Platte auskühlen lassen.
Dieses Gebäck hält sich
2–3 Tage bei kühler Aufbewahrung frisch.

~~~~ **Variation** ~~~~
Statt Aprikosen sehr kleine
Apfelwürfel, mit Zitrone und
Zimt gewürzt, nehmen.
~~~~~~~~~~~~~~~~~~~

Mährische Hochzeitsküchel   Foto

Backzeit: 20–25 Minuten pro Blech
bei 180–190 °C

*½ Rezept Hefeteig (Seite 32) ∗
1 Eigelb, mit 6 EL Milch verquirlt,
zum Bestreichen*
*Füllung: 250 g Quark ∗ 2 EL flüssiger
Honig oder Ahornsirup ∗ ¼ TL Vanillepulver ∗ etwas abgeriebene Zitronenschale ∗ 80 g gewaschene Korinthen*
*Belag: ⅓ Rezept Streusel (Seite 74),
mit Vanille oder Zimt gewürzt ∗
Butter zum Blech*

Hefeteig zubereiten und zugedeckt gut
gehen lassen. Füllung und Streusel zubereiten. Den Teig portionsweise ½ cm dick
ausrollen, in Quadrate von 8 × 8 cm
schneiden, jeweils in die Mitte 1½ Teelöffel Füllung setzen, die Ecken wie zu einem Kuvert leicht übereinanderschlagen,
mit verquirltem Eigelb bestreichen. Je
1 Teelöffel Streusel auf die Mitte streuen,
auf Blech legen und goldbraun backen.
Danach vom Blech nehmen und frisch
servieren.
Powidlfüllung ist ebenfalls geeignet.

Pikant gefülltes Kleingebäck

Foto Seite 75

Backzeit: 15–20 Minuten pro Blech bei 200 °C

*1 Rezept Echter Blätterteig (Seite 54),
Quarkblätterteig (Seite 56) oder Käsemürbteig (Seite 50), frisch zubereitet
und gekühlt oder aufgetaut * 1 Eigelb,
mit 4–6 EL Milch oder Sahne verquirlt,
zum Bestreichen*
<u>Schinkenfüllung:</u> *150 g magerer, gekoch-
ter, feingehackter Schinken oder halb
roher und halb gekochter Schinken *
1 hartgekochtes, feingehacktes Ei *
3 EL Sahne * Prise Muskat * etwas frisch
gemahlener Pfeffer * 1 TL feingehackte
Petersilie oder Schnittlauch*
<u>Quark-Kräuterfüllung:</u> *150 g Mager-
quark * 1 EL geriebener Emmentaler
oder Parmesan * 1 TL gehackter Schnittlauch * 1 TL gehackter Dill *
1 EL gehackte Petersilie *
1 hartgekochtes, feingehacktes Ei *
¾ TL Salz * frisch gemahlener Pfeffer *
1 Prise Muskat*

Die Zutaten für die Füllung nach Wahl zusammenmischen, sehr gut verrühren. Den vorbereiteten Teig ½ cm dick auswellen.

<u>Hörnchen:</u> Den Teig in 10 cm breite Streifen schneiden oder radeln, in gleichseitige Dreiecke teilen. Im Abstand von 1–2 cm vom Rand an eine Seite je 1 Teelöffel Füllung setzen, etwas breit drücken und locker zur Spitze hin aufrollen, die Spitze unterschlagen. Auf das Blech setzen und die seitlichen Enden nach innen biegen, mit verquirltem Eigelb bestreichen und goldbraun backen.

<u>Taschen:</u> Aus dem Teig Plätzchen von ca. 8 cm ∅ ausstechen, in die Mitte je 1 Teelöffel Füllung setzen, übereinanderschlagen, die Ränder mit Gabelzinken festdrücken. Auf das Blech legen, mit verquirltem Eigelb bestreichen, goldbraun backen.

<u>Dreiecke:</u> Den Teig in 10 cm breite Streifen schneiden oder radeln, in Quadrate aufteilen. In die Mitte 1 Teelöffel Füllung setzen, zu Dreiecken zusammenlegen, Ränder mit Gabelzinken festdrücken. Auf das Blech legen, mit verquirltem Eigelb bestreichen, goldbraun backen.

<u>Hahnenkämme:</u> Den Teig in 10 cm breite Streifen schneiden, in Rechtecke von 7- × 10 cm teilen. In die Mitte je 1 Teelöffel Füllung setzen und zur Längsseite hin zusammenschlagen. Dieses offene Ende etwa 8 mal 1–1½ cm tief einschneiden. Etwa halbrund gebogen auf das Blech legen, damit die eingeschnittenen Enden sich spreizen, mit verquirltem Eigelb bestreichen, goldbraun backen.

Aus den Teigresten Halbmonde, Pilze oder Herzen ausstechen, mit Eigelb bestreichen, mit Mohn, Kümmel oder Reibkäse bestreuen.

Dieses Gebäck möglichst ofenfrisch servieren oder vor dem Servieren bei 150 °C nochmals 15 Minuten aufbacken. Es paßt als Vorspeise zu Bouillon, zu Salatplatten, außerdem zu Aperitif, zu Wein und Sekt. Ofenfrisch verpackt, läßt es sich auch bis zu 4 Wochen einfrieren.

Süßes und pikantes Kleingebäck

Kümmel-, Mohn-, Sesam- und Käsestangen

Backzeit: 15 Minuten pro Blech
bei 200 °C

*1 Rezept Quarkblätterteig (Seite 56),
Käsemürbteig (Seite 50), Reste von
Echtem Blätterteig ∗ 3 EL Reibkäse und
frisch gemahlenen Pfeffer zum Auswel-
len ∗ 1 Eigelb, mit 4 EL Sahne oder
Milch verquirlt, zum Bestreichen ∗
3 TL Kümmel, Mohn, Sesam oder
Reibkäse zum Bestreuen*

Den vorbereiteten Teig ½ cm dick auf
dem mit Reibkäse und Pfeffer bestreuten
Backbrett auswellen. In Streifen von 2 cm
Breite und 15 cm Länge radeln oder
schneiden, jeweils 2 Streifen miteinander
verschlingen. Oder 4 cm breite Streifen
schneiden, diese korkenzieherartig dre-

hen. Die Stangen mit Eigelb bestreichen,
mit Kümmel, Mohn, Sesam oder Reibkäse bestreuen. Auf kaltes Blech legen,
goldbraun backen, vorsichtig vom Blech
nehmen. Frisch servieren. Oder ofenfrisch in Dosen legen, kühl aufbewahren,
evtl. nochmals aufbacken.

Schildkrötchen

Backzeit: 12–15 Minuten pro Blech
bei 180 °C

*Teig: 150 g feingemahlenes Weizen-
vollkornmehl ∗ 1 Msp Backpulver ∗
100 g gekühlte Butter in Stückchen ∗
1 Eigelb ∗ 1 Prise Salz ∗ 3 EL kaltes
Wasser
Belag: 1 steifgeschlagenes Eiweiß ∗
Edelsüßpaprika und frisch geriebene
Muskatnuß ∗ 2 EL Reibkäse ∗
80 g feingeriebene Mandeln
oder Nüsse*

Mehl mit Backpulver auf Backbrett häufen, Butterstückchen unterhacken, rasch
verkrümeln. Eigelb mit Salz und Wasser
verquirlen, mit Gabel an die Krümel mischen, glatt kneten und kühlen.
Für den Belag Gewürze, Reibkäse und
Mandeln (Nüsse) unter den Eischnee mischen. Den gekühlten Teig portionsweise
3 mm dick auswellen. Glatte, runde oder
ovale Plätzchen von etwa 4 mm Ø ausstechen, auf mit kaltem Wasser abgespültes Blech setzen. Belag etwa 1 cm dick
mit kleinem Messer aufstreichen, dabei
etwa ½ cm Rand lassen, sofort lichtgelb
backen. Vorsichtig vom Blech nehmen,
erst erkalten lassen, dann in gut ver-
schließbarer Keksdose aufbewahren.

Kekse und Plätzchen

Schottische Rahmkekse

Backzeit: 10–12 Minuten bei 190 °C

je 150 g feinstgemahlenes Hafer- und Weizenvollkornmehl ∗ 200 g gekühlte Butter in kleinen Stücken ∗ 1 TL feingeriebene Zitronenschale oder Vanillemark ∗ 1 Prise Salz ∗ 4–5 EL dicke saure Sahne oder Créme fraîche ∗ 1 Eigelb, mit 2 EL Milch verquirlt, zum Bestreichen ∗ wenig Butter zum Blech

Mehl mit Butter auf Backbrett verhacken, rasch abbröseln und mit Geschmackszutat und Sahne zu glattem Teig kneten, zum Festwerden kühlen. Den Teig portionsweise etwa 3 mm dick ausrollen und glatte, runde Plätzchen ausstechen oder in fingerlange und 2 cm breite Streifen schneiden. Mit Eigelb bestreichen, hell backen. Danach vorsichtig vom Blech nehmen, nach dem Erkalten in Blechdosen aufbewahren. Passen zu Tee, Wein, Aperitif.

~~~~~~ **Variationen** ~~~~~~
Mit Mohn, Sesam oder Käse bestreuen. Mit einer Mischung aus 1 EL flüssigem Honig und 2 EL Rahm bestreichen, mit Mandelblättchen bestreuen.
~~~~~~~~~~~~~~~~~~~~~~~~~~

Linzer- und Ischler-Teegebäck
Foto Seite 84

Backzeit: 8–10 Minuten bei 190 °C

Grundteig: 300 g feingemahlenes Weizenvollkornmehl ∗
100 g feingeriebene Mandeln oder Nüsse ∗
200 g kalte Butter ∗ 1 TL feingeriebene Zitronenschale ∗ 1 Prise Salz ∗

Kekse und Plätzchen

2 EL Sirup oder Dicksaft ∗ 2 Eigelb ∗
wenig Butter zum Blech
Für Linzer Gebäck zum Grundteig:
1 TL Zimt ∗ 1 Msp gemahlene Nelken
Für Ischler Gebäck zum Grundteig:
¼ TL Ingwerpulver ∗ 1 Msp Kardamom ∗
2 EL Zitronensaft
Zum Füllen für beide Arten: 150 g Apriko-
sen-, Stachelbeer- oder Feigenmarmela-
de, mit 2–3 EL Zitronensaft oder Rum
oder beidem verrührt
Zum Verzieren für beide Arten:
1 EL Honig, mit 2 EL Sahne oder Crème
fraîche verrührt ∗ 2 EL Mandelblättchen
oder -stifte oder gehackte Pistazien
oder 1 Rezept Schokoladenglasur
(Seite 72) und geschälte Nüsse,
Mandeln oder gehackte Pistazien

Mehl mit Nüssen auf Backbrett mischen, Butter unterhacken, dann rasch abbröseln. Zitronenschale und Salz sowie die typischen »Linzer« oder »Ischler« Gewürze, Süßmittel und Eigelb verquirlen, mit Gabel an die Krümel mischen, rasch zusammenkneten und kühlen. Den Teig in Portionen 3 mm dick auswellen und kleine, runde Plätzchen, Sternchen oder Herzen von etwa 4 cm Ø ausstechen auf leicht gefettetes Blech legen. Entweder die Hälfte der Plätzchen mit Honig-Sahne-Mischung bestreichen und mit Mandelblättchen, -stiften oder gehackten Pistazien bestreuen. Oder die Plätzchen erst nach dem Backen verzieren. Die gebackenen Plätzchen vorsichtig vom Blech nehmen und – Unterseite auf Unterseite – füllen, erkalten lassen. Beim Überziehen mit Schokoladenglasur: Die

Variationen des Grundrezepts Butterteig, Rezept Seite 83

Glasur so weit abkühlen lassen, daß sie die Oberfläche der Plätzchen gut deckt (gießend auftragen). Mit halbierten Mandeln, Mandelstiften, gehackten Pistazien bestreuen. Oder mit der entsprechend abgekühlten Glasur die Plätzchen faden- bzw. netzartig überziehen, Glasur gut trocknen lassen.

Klosterkipferl

Backzeit: 15 Minuten pro Blech
bei 175–180 °C

100 g zimmerwarme Butter ∗ 1 Eigelb ∗
1 EL flüssiger Honig ∗ 1 EL heller
Kakao ∗ 1 Msp frisch geriebene
Muskatnuß ∗ 1 Msp gemahlene Nelken ∗
¼ TL Zimt ∗ 90 g feingeriebene Hasel-
nüsse ∗ 100 g Weizenvollkornmehl ∗
50 g Gerstenvollkornmehl ∗ wenig Butter
zum Blech oder Backtrennpapier ∗
½ Rezept Schokoladenglasur
(Seite 72) zum Bestreichen

Butter gut cremig rühren, Eigelb und Honig unterrühren. Kakao und Gewürze untermischen, mit Nüssen und Mehl zu glattem Teig verkneten, 2 Rollen von 3 cm Ø formen und kühl stellen. Die Rollen in je 15 gleichmäßige Stücke teilen, zu kleinen, zierlichen Kipferln formen, nochmals für 5–10 Minuten kühl stellen, dann backen. Die Kipferl sind fertig, sobald die Unterseite hellbraun gebacken ist. Vorsichtig mit spitzem Messer vom Blech nehmen, auskühlen lassen. Dann mit Schokoladenglasur überziehen, über Nacht kühl trocknen lassen.
Ein Gebäck, das erst nach einigen Tagen sein volles Aroma entwickelt.

Kekse und Plätzchen

Haferflockenhäufchen

Foto Seite 84

Backzeit: ca. 16–18 Minuten pro Blech bei 180 °C

*300 g Vollkorn-Haferflocken * 8 EL kalte Milch * 250 g gewaschene Korinthen oder feingehackte Trockenfrüchte * 6–8 EL Rum * 200 g zerlassene Butter * 8 EL Ahornsirup, flüssiger Honig oder Rübenkraut * 1½ TL feingeriebene Zitronenschale * Saft von 1 Zitrone * 1 Prise Salz * 3 Eigelb * 3 steifgeschlagene Eiweiß * geschälte, halbierte Mandeln zum Belegen * Butter zum Blech * 1 EL flüssiger Honig, mit 2 EL Sahne und 1 EL Rum verquirlt, zum Bestreichen*

Die Haferflocken in Milch einweichen (sehr grobe Flocken vorher mit dem Wiegemesser etwas zerkleinern) und etwa 10–15 Minuten ruhen lassen. Die Korinthen in Rum einweichen, ebenfalls 10 Minuten ruhen lassen, dann an die Haferflocken mischen, mit den Händen gut verkneten. Butter, Sirup, Zitronen, Salz und Eigelb miteinander verquirlen, zu den Haferflocken und Rosinen geben, gut verrühren, wieder 15 Minuten ruhen lassen. Dann den Eischnee unterheben. Entweder mit Teelöffel kleine, lockere Häufchen von ca. 3–4 cm Ø auf das Blech setzen oder kleine Kugeln drehen und plattdrücken. Mit je einer halbierten Mandel belegen, aufs Blech setzen, mit Honig-Sahne-Rum-Mischung bestreichen, backen. Noch heiß wieder bestreichen, abgekühlt in Dosen aufbewahren.

Dattelmakronen

Backzeit: 30 Minuten pro Blech bei 160 °C

*500 g getrocknete, entsteinte Datteln, fein geschnitten oder gehackt (evtl. ¼ des Gewichts in Sultaninen) * 2 EL Ahornsirup * 2 EL Zitronensaft * 250 g geriebene oder gehackte Mandeln * feingeriebene Schale von 1 mittelgroßen Zitrone oder Orange * ¼ TL Zimt * 1 Prise Ingwerpulver * 3 große Eiweiß * 1 TL Zitronensaft * 1 Prise Salz * 40 kleine Oblaten oder Butter zum Blech*

Die Datteln, evtl. mit Sultaninen vermischt, intensiv mit Ahornsirup und Zitronensaft vermengen (evtl. mit den Händen leicht verreiben), Mandeln und Gewürze untermischen. Eiweiß mit Zitronensaft und Salz sehr steif schlagen, unter die Fruchtmischung heben, gut vermengen. Mit Teelöffel kleine Häufchen auf rauhe Oblatenseite oder auf gefettetes Blech setzen, hell backen. Nach dem Backen einzeln mit Messer vom Blech lösen, erkalten lassen.

~~~~~~~~ **Variation** ~~~~~~~~

Statt Datteln und Mandeln selbst eine andere Trockenfruchtmischung zusammenstellen:

*200 g Feigen oder Datteln * 200 g Trocken-Aprikosen und/oder Pflaumen * 100 g Rosinen oder Sultaninen * 100 g Kokosraspel * 150 g geriebene oder gehackte Nüsse oder Mandeln*

Butterteig
Grundrezept Foto Seite 80

300 g feinstgemahlenes Weizenvollkommehl ∗ 150 g kalte Butter in kleinen Stückchen ∗ 1 Prise Salz ∗ 2 EL Birnendicksaft oder Sirup ∗ 2 Eigelb

Mehl auf Backbrett häufen, Butter mit großem Messer oder Kuchenpalette unterhacken, dann rasch mit den Händen verbröseln. Salz, Dicksaft und Eigelb miteinander verquirlen, mit Gabel unter die Krümel mengen, rasch zu glattem Teig kneten, evtl., falls der Teig klebrig sein sollte, noch 1–2 Eßlöffel Mehl einarbeiten. Teig bis zur Weiterverarbeitung zugedeckt 1 Stunde kühl stellen.

Dreispitze oder Bauernhütchen

Backzeit: 12–15 Minuten pro Blech bei 190 °C

1 Rezept Butterteig (siehe oben), mit 1 TL Zitronenschale und 2 EL Rum abgeschmeckt ∗ 1 Eigelb, mit 2 EL kalter Milch verquirlt, zum Bestreichen ∗ wenig Butter zum Blech Füllung: 1 steifgeschlagenes Eiweiß ∗ 2 TL Zitronensaft ∗ 2 TL Honig ∗ 100 g feingeriebene Haselnüsse ∗ etwas feingeriebene Zitronenschale ∗ 2 EL gewaschene Korinthen

Für die Füllung die Zutaten in genannter Reihenfolge unter den Eischnee mischen. Den gekühlten Teig in Portionen 3 mm dick auswellen, runde Plätzchen von etwa 4–5 cm Ø ausstechen, auf jedes Plätzchen ½ Teelöffel Füllung in die Mitte setzen und den Rand der Plätzchen an 3 Seiten hochdrücken, so daß ein Dreispitz entsteht. Die Hütchen mit verquirltem Eigelb bestreichen, auf befettetes Blech legen, hell backen.

~~~~~~~~~ **Variation** ~~~~~~~~~
Ingwerhütchen: Die Füllung statt mit Korinthen mit 2 feingeschnittenen Ingwerpflaumen würzen.
~~~~~~~~~~~~~~~~~~~~~~~~~~~~~

Vanille-Nußhörnchen
Foto Seite 84

Backzeit: 20–25 Minuten pro Blech bei 150 °C

250 g feingemahlenes Weizenvollkommehl ∗ 200 g feingeriebene Haselnüsse ∗ Mark einer ganzen Vanilleschote ∗ 200 g kalte Butter in kleinen Stückchen ∗ 120 g Honig oder Sirup ∗ Backtrennpapier zum Blech

Mehl und Nüsse auf Backbrett mischen, Vanillemark und Butter zugeben, Butter mit großem Messer in den Teig einhakken, dann rasch mit den Händen abbröseln. Mit Honig oder Sirup zu Teig verkneten, Rolle von 3–4 cm Ø formen, kühl stellen. Die Rolle in jeweils 1¼–1½ cm breite Stücke teilen, jedes Stück mit den flachen Händen auf dem Backbrett so rollen, daß die Enden dünner als die Mitte sind, Hörnchen formen, auf das mit Backpapier belegte Blech setzen, nochmals kühlen. Sobald die Hörnchen wieder fest sind, hellbraun backen, auf dem Blech abkühlen lassen, dann abnehmen und ganz erkalten lassen.

Schokoladenbrezeln

Backzeit: 12–15 Minuten pro Blech
bei 190 °C

*1 Rezept Butterteig (Seite 83), mit
1 TL feingeriebener Zitronenschale,
2 TL Kakao und 2–3 EL Rum oder
Sahne zubereitet * wenig Butter zum
Blech * Honigwasser zum Bestreichen
oder ½ Rezept Schokoladeglasur
(Seite 72) zum Überziehen*

Grundrezept mit Zitrone, Kakao, Rum
oder Sahne zubereiten, den Teig in Rollen von 3 cm Ø formen, kühlen. Die Rollen in 2 cm breite Stückchen schneiden,
diese zu bleistiftdicken Strängen auf
dem Brett drehen, Brezeln formen, auf
schwach gefettes Blech legen, mit Honigwasser bestreichen und backen. Mit
spitzem Küchenmesser vorsichtig vom
Blech nehmen. Erneut mit Honigwasser
bestreichen oder erkalten lassen und mit
Schokoladeglasur überziehen, an kühlem
Ort trocknen lassen.

~~~~~~~~ Variation ~~~~~~~~
Vanillebrezeln: Statt Zitrone und Kakao
2 TL Vanillemark und 2 EL Arrak an das
Grundrezept geben, die Stränge in feingeriebenen Mandeln wälzen, backen.
~~~~~~~~~~~~~~~~~~~~~~~~

Spritzgebäck   Foto Seite 84

Backzeit: 12–15 Minuten pro Blech
bei 170–180 °C

*250 g zimmerwarme Butter *
3 EL Birnendicksaft * 3 Eier *
200 g feingemahlenes Weizenvollkommehl * 150 g feingemahlenes Gerstenvollkommehl * 150 g feingeriebene
Nüsse oder 100 g feine Kokosraspel
oder gleiche Menge Honigmarzipan *
1 TL feingeriebene Zitronenschale oder 1 TL Vanillemark *
befettetes Papier zum Blech*

Butter schaumig rühren. Dicksaft und
Eier verquirlen, löffelweise an die Butter
mischen, jeweils gut verrühren. Mehl,
Nüsse und Geschmackszutat gut in den
Teig einarbeiten, kühl stellen. Den Teig
mit der Sterntülle auf Backbrett spritzen,
kleine Kränzchen von ca. 3–4 cm Ø oder
S formen, auf leicht befettetes Blech legen, nochmals kurz kühl stellen, dann
backen, bis die Plätzchen an der Unterseite goldbraun sind.

Wichtiger Hinweis: Die Plätzchen mit Kokosraspeln müssen bei 170 °C gebacken
werden, da sie rascher bräunen. Bei groben Kokosraspeln verliert der Teig beim
Backen etwas mehr Fett, da diese keine
ideale Verbindung mit dem Teig eingehen. Geschmacklich ist das Ergebnis aber
gut, so daß der kleine Nachteil aufgewogen wird.

~~~~~~~~ Variation ~~~~~~~~
Den Teig mit 2 EL dunklem Kakao färben, kleine Stangen backen (Bändertülle), mit Schokoladenglasur (Seite 72)
überziehen.
~~~~~~~~~~~~~~~~~~~~~~~~

Nußkränzchen

Backzeit: 15 Minuten pro Blech
bei 150–160 °C

*70 g flüssiger Honig * 1 Ei * Saft und
Schale von 1 Zitrone * 250 g feingeriebene Haselnüsse * Backtrennpapier
oder wenig Fett zum Blech*

Honig und Ei sehr gut schaumig rühren,
Zitronensaft und -schale zugeben, Nüsse
in die Masse einarbeiten. Mit Gebäck-
spritze kleine Kränzchen von etwa
4 cm Ø auf Blech spritzen, backen, bis
die Kränzchen hellbraune Spitzen be-
kommen. Sehr vorsichtig vom Blech nehmen, auskühlen lassen.

Lübecker Herzen
und Sterne   Foto Seite 84

Backzeit: 12–15 Minuten pro Blech
bei 175 °C

*Teig: 200 g feingemahlenes Weizenvollkorn-
mehl * 200 g feingemahlenes Hafervollkornmehl * 1 TL Backpulver *
200 g kalte Butter * 100 g Honigmarzipan * 2–3 EL flüssiger Honig,
Dicksaft oder Sirup * 1 Eigelb *
wenig Butter zum Blech*
*Belag: 300 g Honigmarzipan * 2 EL Ha-
gebuttenmark oder Himbeermarmelade*

Mehl mit Backpulver auf Backbrett mi-
schen, Butter unterhacken, Marzipan in
kleine Stücke schneiden, mit Butter und
Mehl sehr gut abbröseln. Süßmittel mit
Eigelb verquirlen, mit Gabel unter die
Krümel mischen, dann alles rasch zusam-

menkneten. Evtl. 1 Eßlöffel Mehl zusätzlich unterkneten, wenn der Teig zu weich
sein sollte. Teig in Portionen etwa 3 mm
dick auswellen, Herzen und Sterne ausstechen, auf leicht befettetes Blech legen.
Zum Belegen Marzipan 2 mm dünn auswellen, Herzen oder Sterne gleicher Größe ausstechen. Die Mitte dieser Herzen
oder Sterne mit kleinerer Herz- oder
Sternform wiederum ausstechen. Die
Hälfte der Teigplätzchen mit den gleich-
großen Marzipanplätzchen belegen und
in der Mitte vorsichtig mit wenig roter
Marmelade füllen. Die zweite Hälfte der
Teigplätzchen mit je einem Tupfer Marmelade in der Mitte versehen und die
kleinen Marzipanplätzchen auflegen, bakken. Vorsichtig vom Blech nehmen, auskühlen lassen. In Dosen aufbewahren.

Spitzbuben   Foto Seite 84

Backzeit: 10–12 Minuten pro Blech
bei 180–190 °C

*250 g feinstgemahlenes Weizenvollkorn-
mehl oder zu gleichen Teilen mit Gerstenvollkornmehl gemischt * 200 g feingeriebene Nüsse * 200 g kalte Butter *
1 TL feingeriebene Zitronenschale *
2–3 EL flüssiger Honig, Birnendicksaft
oder Ahornsirup * 1 Ei * wenig Butter
zum Blech * 4–5 EL säuerliche Marmelade, mit 2 EL Rum verrührt*

Mehl auf Backbrett mit Nüssen mischen,
die Butter unterhacken, rasch mit den
Händen abbröseln, Zitronenschale darüberstreuen. Honig, Dicksaft oder Sirup
mit Ei verquirlen, mit Gabel unter die
Teigkrümel mengen, rasch zu glattem

Weihnachtsbäckerei

Teig verkneten, kühlen lassen. Den Teig portionsweise auswellen und runde, glatte Plätzchen von 3–4 cm Ø ausstechen. Der Hälfte der Plätzchen mit kleiner Öffnung einer glatten Spritztülle »Spitzbubengesichter« (Augen und Mund) geben, auf getrenntem Blech (wegen unterschiedlicher Backzeit) backen. Die Plätzchen sind fertig, wenn der Rand goldbraun ist. Die heißen Plätzchen – Unterseite auf Unterseite – füllen und noch warm in Gebäckdosen legen.

Schokoladenkrapferl
Foto Seite 84

Backzeit: 25–30 Minuten pro Blech bei 150 °C

*140 g feingeriebene Nüsse oder Walnüsse * 1 EL dunkler Kakao * 70 g kalte Butter in Stückchen * 70 g Honig * etwa 20 halbierte Hasel- oder Walnüsse zum Verzieren*

Nüsse und Kakao in flacher Schüssel mischen, mit der Butter rasch abbröseln, mit dem Honig zu Teig verkneten. Teig gut kühl stellen. Danach zur Rolle formen, in etwa 18 gleichmäßige Stücke teilen, daraus Kugeln formen, mit je 1 halbierten Nuß belegen. Auf mit Backfolie belegtes Blech im Abstand von 4 cm setzen, nochmals kühlen, dann vorsichtig backen. Die fertigen Plätzchen auf dem Blech etwas abkühlen lassen, dann mit Messer vorsichtig abheben. Die leicht zerbrechlichen Plätzchen erst nach dem vollständigen Auskühlen in Dosen legen.
Die Krapferl sind ein Frischgebäck, sie werden bei längerer Lagerung weich.

Würzige Nußlaiberl
Foto Seite 84

Backzeit: 25–30 Minuten pro Blech bei 160 °C

*2 Eier * 150 g Honig * 1 TL feingeriebene Zitronenschale * 1 TL Zimt * ¼ TL Ingwerpulver * ¼ TL frisch geriebene Muskatnuß * 100 g feingeschnittene Trockenpflaumen oder -aprikosen, in Saft von 1 Zitrone eingeweicht * 300 g feingeriebene Hasel- oder Walnüsse oder Pecannüsse * ca. 35 Haselnüsse oder Nußhälften zum Verzieren * Honigwasser zum Bestreichen * Oblaten oder Backtrennpapier*

Eier und Honig sehr schaumig schlagen, Gewürze, Trockenfrüchte und Nüsse untermischen und zu halbfestem Teig verarbeiten. Evtl. etwas mehr gemahlene Nüsse zugeben, wenn der Teig (z.B. durch besonders große oder frische Eier) zu feucht ist. Mit nassen Händen aus dem Teig kleine Kugeln von etwa 3 cm Ø formen, auf Oblaten und dann auf Blech setzen, in die Mitte Haselnuß oder Nußhälften drücken, mit Honigwasser bestreichen, backen.

~~~~~~~ **Variation** ~~~~~~~
Erkaltet mit Schokoladenglasur (Seite 72) überziehen.
~~~~~~~~~~~~~~~~~~

Weihnachtsbäckerei

Zimtsterne

Foto Seite 84

Backzeit: 25–30 Minuten pro Blech
bei 140–150 °C

*3 steifgeschlagene Eiweiß * 1 TL Zitronen-
saft * 125 g flüssiger Honig, Sirup oder
Dicksaft * 1½ TL Zimt * 350 g feingeriebene Nüsse oder Mandeln
(evtl. 20–30 g mehr, abhängig
von Größe und Frische der Eiweiße) *
2–3 EL Weizenkleie zum Auswellen *
wenig Butter zum Blech oder Oblaten *
2–3 EL Honigwasser zum Bestreichen *
200 g Honigmarzipan zum Belegen*

Eiweiß mit Zitronensaft sehr steif schlagen, Honig, Sirup oder Dicksaft zugeben,
kurz unterrühren, Zimt und Nüsse (Mandeln) dazumischen, alles leicht zusammenkneten und kühl stellen.
Das Backbrett dünn mit Weizenkleie bestreuen, Teig mit leichtem Druck auswellen, Sterne ausstechen, auf gefettetes
Blech oder Oblaten setzen. Honigmarzipan 2 mm dünn auswellen, Sterne gleicher Größe ausstechen. Die Zimtsterne
mit Honigwasser bestreichen, Marzipan-
sterne exakt darüberlegen, backen. Die
fertigen Zimtsterne getrennt von anderem Gebäck aufbewahren.

Spitzkuchen

Backzeit: 25–30 Minuten bei 175 °C

*200 g flüssiger Honig * Salz * feingerie-
bene Schale von 1 Zitrone * 2 EL Pflanzenöl * 1 Ei * 1 EL Kakao * ¼ TL Piment * 1 TL Zimt * 300 g Weizenvollkornmehl (oder 200 g Weizen-, 100 g Gerstenvollkornmehl) * 3 TL Backpulver *
100 g geriebene Mandeln * 4 EL kalte
Milch * Butter zum Blech * Honigwasser
zum Bestreichen * ½ Rezept
Schokoladenglasur (Seite 72)*

Honig mit Salz, Zitrone, Öl, Ei, Kakao, Piment und Zimt gründlich verrühren. Mehl
mit Backpulver mischen, gut mit dem ge-
würzten Honig vermengen, Mandeln in
den Teig einarbeiten, evtl. kneten, 1 Stunde kühl ruhen lassen. Aus dem Teig Rollen von 4 cm Ø formen, auf gefettetes
Blech setzen, leicht flachdrücken, backen.
Nach dem Backen mit Honigwasser bestreichen, heiß in spitze Dreiecke schneiden, erkalten lassen. Nach Belieben mit
Schokoladenglasur überziehen.

Rheinische Siruplebkuchen

Foto

Backzeit: etwa 15 Minuten pro Blech
bei 180 °C

*450 g Rübenkraut * 150 g flüssige
Butter * feingeriebene Schale von
1 großen Zitrone * 2 EL Kakao *
150 g grobgehackte Haselnüsse
oder Mandeln * 100 g Roggen-,
100 g Hafer-, 300 g Weizenvollkornmehl * 1 P Backpulver * 4 EL Rum *
6–8 EL Honigwasser zum Bestreichen *
100 g geschälte, halbierte Mandeln
zum Belegen nach Belieben *
Butter zum Blech*

In weiter Schüssel Rübenkraut mit der
flüssigen Butter, Zitronenschale und Kakao mischen, Nüsse oder Mandeln unterrühren, nach und nach das mit Backpul-

ver vermischte Mehl und Rum zugeben, Teig glatt kneten und ruhen lassen. Den etwas spröden Teig in 3–4 Portionen einteilen, jede nochmals durchkneten, dann ¾ cm dick auswellen, Sterne, Herzen und runde Lebkuchen ausstechen, auf Blech legen und mit Honigwasser bestreichen, nach Belieben mit Mandeln belegen. Backen, bis die Unterseite der Lebkuchen hellbraun ist. Die fertigen Lebkuchen nochmals heiß glasieren, trocknen lassen, in Dosen aufbewahren.

Honigleckerli

Backzeit: 20–25 Minuten pro Blech bei 180 °C

*400 g flüssiger Honig * 1¼ EL Zimt * 1 TL gemahlene Nelken * 1 EL feingeriebene Schale von 1 Zitrone oder Orange * 200 g gehackte Mandeln, Haselnüsse, Walnüsse oder Pecannüsse * 200 g feingeschnittene Backpflaumen oder Aprikosen oder beides zu gleichen Teilen, in 6–8 EL Rum oder Obstgeist eingeweicht * 650–700 g Weizenvollkommehl oder mit ⅓ Roggenmehl gemischt 1 P Pottasche * 3–4 EL Rum oder Obstgeist * Butter zum Blech * 6–8 EL Honig und Rum oder Obstgeist zum Glasieren*

Den flüssigen Honig mit den Gewürzen, Nüssen und Trockenfrüchten sehr gut vermischen, ¼ Stunde ruhen lassen (oder den Honig leicht erwärmen und mit den Gewürzen, Nüssen und Trockenfrüchten intensiv verrühren). Mehl nach und nach dazukneten. Vor der letzten Mehlzugabe die in Alkohol aufgelöste Pottasche gründlich in den Teig einkneten, dabei

auf dem Backbrett arbeiten. Den Teig etwa ¾–1 cm dick auswellen. Entweder kleine, rechteckige Lebkuchen ausstechen oder den Teig in Stücke von 3½ × 5 cm schneiden, dicht aneinander auf das gut gefettete Blech setzen und hell backen. Sofort nach dem Backen die Lebkuchen durchschneiden, mit Honig und Alkohol (wie er bereits für den Teig verwendet wurde) glasieren, vom Blech nehmen, Glasur etwa ½ Tag trocknen lassen.

Lebkuchenschnitten

Backzeit: ca. 45 Minuten pro Blech bei 180–190 °C

*400 g flüssiger Honig * 100 g Butter * 1 EL feingeriebene Zitronen- oder Orangenschale * 1 EL Zimt * ½ TL gemahlene Nelken * ¼ TL Kardamom * ¼ TL frisch geriebene Muskatnuß * 1 Ei * ¼ l Sahne * 200 g feingeschnittene Trockenfrüchte, in ⅛ l Rum oder Obstgeist eingeweicht * 300 g Weizenvollkommehl * 150 g Weizenschrot * 100 g Hafer- oder Gerstenvollkommehl * 4½ TL Backpulver * Butter zum Blech * 150 g geschälte, halbierte Mandeln zum Belegen * Honigwasser zum Bestreichen*

Honig leicht erwärmen, Butter darin auflösen, alle Gewürze unterrühren. Ei und Sahne dazumischen, gut verrühren und die Trockenfrüchte (samt Alkohol) zugeben. Mehl und Schrot (oder nur Weizenmehl) mit Backpulver gründlich in den Teig einarbeiten. Der Teig muß eben noch streichfähig sein; evtl. etwas Sahne oder Alkohol zugeben. Den Teig etwa

1½ cm dick auf gut gefettetes Blech streichen. Großes Messer, Kuchenspatel, oder Teigschaber in kaltes Wasser tauchen, Oberfläche sehr gut glätten. Mit Messerrücken 6 × 6 cm große Quadrate (oder vergleichbar große Rechtecke) markieren, diese nach Belieben mit Mandeln verzieren und mit konzentriertem Honigwasser bestreichen, backen. Nach dem Backen sofort wieder mit Honigwasser bestreichen und etwas abkühlen lassen. Dann entlang der Markierung in Stücke schneiden, auskühlen lassen und getrennt von anderem Gebäck in Dosen aufbewahren. Obwohl das Gebäck gleich nach dem Backen gut schmeckt, tritt die eigentliche Geschmacksentfaltung erst nach 3–5 Tagen ein.

Schale von 1 Zitrone ∗ 1½ TL Zimt ∗ 1 TL Macisblüte ∗ ¼ TL Nelken ∗ 1 TL Vanillepulver ∗ 1½ TL Salz ∗ 125 g geschälte, gehackte oder gestiftelte Mandeln ∗ 250 g gewaschene, helle Sultaninen, in 6–8 EL Rum eingeweicht ∗ 6 EL kaltes Wasser ∗ Butter zum Blech ∗ 2 EL Ahornsirup ∗ 100 g flüssige Butter ∗ 30 g geschälte, gestiftelte Mandeln

Mehl in große Schüssel füllen, Grube in die Mitte drücken. Hefe mit Honig und Milch auflösen, in die Grube gießen und dabei einige Eßlöffel des umgebenden Mehles dazurühren. Zugedeckt gehen lassen, bis sich der Ansatz deutlich wölbt und Blasen bildet. Eier, flüssige Butter und Gewürze auf dem den Ansatz umge-

Rosinen-Mandelstollen

Backzeit: 1½ Stunden bei 190 °C

800 g feinstgemahlenes Weizenvollkornmehl ∗ 40 g frische Preßhefe ∗ 1 TL flüssiger Honig ∗ ¼ l lauwarme Milch ∗ 2 Eier nach Belieben ∗ 150 g flüssige Butter und 50 g flüssiges Butterschmalz oder 250 g flüssige Butter ∗ feingeriebene

benden Mehlrand verteilen, dann alles zusammenmischen und etwa 8–10 Minuten zu mittelfestem Teig kneten, dann die Mandeln und Sultaninen mit dem Rum in den Teig einarbeiten. Zudecken und möglichst kühl stellen, damit der Teig langsam geht (evtl. über Nacht).
Sobald sich das Volumen des Teiges verdoppelt hat, diesen nochmals kurz auf Backbrett durchkneten, einen länglichen

Wecken formen. Mit der Nudelrolle in die Mitte eine Vertiefung drücken, so daß an beiden Seiten dicke Wülste entstehen. Die Vertiefung mit kaltem Wasser bestreichen, den einen Wulst auf diese Mulde legen. Den Stollen mit beiden Händen oben und unten unterfassen und auf das gefettete Blech legen, zudecken und nochmals kühl gehen lassen. Sobald die Oberfläche sich wieder locker anfühlt, mit dem restlichen kalten Wasser bestreichen und auf der unteren Mitte backen.

Nach 1 Stunde den Stollen herausnehmen, mit Mischung aus Ahornsirup und Butter bestreichen, Mandeln darüberstreuen und auf der oberen Mitte fertigbacken. Auf Kuchengitter abkühlen lassen, in Folie einpacken und etwa 4 Tage bis zum Verzehr kühl aufbewahren.

Früchtekuchen

Backzeit: 1½ Stunden bei 175 °C

*150 g Vollkorn-Haferflocken *
*6–8 EL Rum * 100 g flüssiger Honig *
*Saft von 1 Zitrone * je 125 g in dünne*
Streifen geschnittene Trockenaprikosen,
*Trockenpflaumen und Trockenfeigen *
125 g gewaschene Rosinen oder
*Sultaninen * 80 g blättrig geschnittene*
*Nüsse oder Mandeln *
*½ TL Kardamom * 1 TL Zimt *
*1¼ TL Backpulver * Butter und trockene*
*Haferflocken zur Form * 10 halbierte,*
geschälte Mandeln und 6 Pecan- oder
*Walnußhälften zum Verzieren *
2 EL flüssige Butter und
1 EL Ahornsirup zum Bestreichen

Weihnachtsbäckerei

Die Haferflocken etwa 15 Minuten in Rum einweichen, dann mit Honig und Zitronensaft verrühren. Die vorbereiteten Trockenfrüchte, Nüsse, Gewürze und Backpulver untermischen, gründlich verrühren. Den Teig in die vorbereitete Form füllen, mit Mandeln und Nüssen verzieren, backen. Flüssige Butter und Ahornsirup verrühren, 15 Minuten vor beendeter Backzeit Kuchen und Verzierung sorgfältig damit bestreichen und zu Ende backen, 15 Minuten in der Form abkühlen lassen, auf Kuchengitter erkalten lassen.

~~~~~~~~ **Variation** ~~~~~~~~
Früchtebrot: 1 Rezept Mittelfester Hefeteig; je 125 g Aprikosen, Pflaumen, Feigen, Rosinen, 100 g gehackte Mandeln, 1 TL Zimt, 1 Prise Nelken, alles in ⅛ l Rum eingeweicht; in ⅔ des Teiges einarbeiten und zur Rolle formen. Restlichen Teig ausrollen und die Rolle darin einwickeln. Backen.
◁ Foto

Konfekt aus Trockenfrüchten

10 weiche, entsteinte Trockenpflaumen *
10 weiche, entsteinte Trockenaprikosen *
⅛ l Rum oder Arrak
*Füllung: 150 g feingeriebene Nüsse oder Mandeln * 2 EL flüssiger Honig oder Ahornsirup * 2 EL Mandel- oder Nußmus (Fertigprodukt) * Saft von ½ Zitrone * 1 TL Zimt * 2–3 EL Rum oder Arrak*

Die Trockenfrüchte zum Entsteinen seitlich halb aufschneiden, in Alkohol einlegen, zugedeckt mehrere Stunden ruhen lassen, gelegentlich umwenden. Nüsse oder Mandeln mit Honig und Mandelmus zusammenkneten, mit Zitronensaft, Zimt und Alkohol abschmecken. Die eingelegten Trockenfrüchte abtropfen. So viel von der Füllung hineingeben, daß sich die Fruchthaut leicht spannt. In die Öffnung der Länge nach eine geschälte Mandel stecken, so daß sie zur Hälfte herauslugt. Das Konfekt kühl aufbewahren.

~~~~~~~ **Variationen** ~~~~~~~
Die Masse zu kleinen Kugeln formen, in gehackten, geschälten Mandeln oder in gehackten Pistazien wälzen.
Die Masse ¾ cm dick auswellen, Plätzchen ausstechen, mit je 1 Mandel belegen, bei 150 °C etwa 20 Minuten backen.
~~~~~~~~~~~~~~~~~~~~~~

Rezept-Register

Rezept-Register